HAMBURG

von Klaus Viedebantt

Klaus Viedebantt, Dr. phil., studierte Volkskunde und Germanistik in Frankfurt/Main und Berlin. Er war Ressortleiter bei der »Frankfurter Allgemeinen Zeitung«, hat den Reiseteil der »Zeit« in Hamburg geleitet und bis 2011 als Lehrbeauftragter an der Universität Mainz und als Associate Professor an der Edith Cowan University im australischen Perth unterrichtet. Seine Familie stammt aus dem Norden und ist größtenteils in Hamburg ansässig.

www.vistapoint.de

Inhalt

Chronik

Service von A–Z

Zeichenerklärung

 Top 10
Das sollte man gesehen haben

 Mein Hamburg
Lieblingsplätze des Autors

 Vista Point
Museen, Galerien, Architektur und andere Sehenswürdigkeiten

 Kartensymbol: Verweist auf das entsprechende Planquadrat der ausfaltbaren Karte bzw. der Detailpläne im Buch.

Willkommen in Hamburg

Einen Hauch von Übersee, eine Art permanente Großzügig-
keit verspürte Carl Zuckmayer in der »Stadt mit Weltgeschich-
te«. Der Schriftsteller hat Hamburg nach dem Geschmack der
Hanseaten geschildert. So können es auch Hamburg-Besucher
erleben, beispielsweise auf dem Rundgang durch die City, der
vom traditionsreichen Jungfernstieg durch das funkelnde La-
byrinth der Einkaufspassagen bis zum »Postkartenblick« auf
der Lombardsbrücke führt. Das maritime Flair der zweitgröß-
ten Stadt Deutschlands wird noch deutlicher bei einem Gang
entlang der Elbe, Hamburgs Verbindung mit den Weltmeeren,
mit der immerhin noch 100 Kilometer entfernten Nordsee:
Museumshafen Övelgönne, Landungsbrücken, Speicherstadt,
HafenCity und Kreuzfahrt-Terminal sind nur einige der salz-
lufthaltigen Stationen.

Solch ein Tag ist ein Appetithappen für die Elbmetropole,
die so viel mehr zu bieten hat. Deshalb lohnen sich Abstecher

in andere gleichermaßen sehenswerte Stadtviertel, etwa ein Bummel um die Außenalster, eine Stippvisite in den Elbvororten, ein Besuch bei den Airbus-Werken in Finkenwerder oder Touren ins schöne Umland.

Die Chronik der wichtigsten Daten in der ereignisreichen Historie der Hansestadt, die Highlights des Stadtstaats, aber auch einige weniger bekannte Sehenswürdigkeiten ergänzen die empfohlenen Rundgänge.

Dass Hamburg, seit 1678 Heimat des ersten deutschen Opernhauses, neben einem reichen kulinarischen Angebot ein Kulturprogramm von Rang bietet, ist seit den bundesweiten Musical-Erfolgen wie Disneys »König der Löwen« den Freunden der leichten Muse ebenso geläufig wie jenen, die wegen eines Neumeier-Balletts oder einer Inszenierung am Deutschen Schauspielhaus an die Elbe reisen.Und wer Aufführungen mit einem 22-Mann-Ensemble bevorzugt, wird ebenfalls fündig: Uwe Seelers Heimatstadt ist die einzige hierzulande, deren HSV-Kicker seit Gründung der Ersten Bundesliga 1963 ohne Unterbrechung im Fußball-Oberhaus mitgespielt haben.

Blick auf den Michel und die Hamburger Altstadt, im Vordergrund das Museumsschiff »Rickmer Rickmers«

Top 10: Das sollte man gesehen haben

① Rathaus und Rathausturm
S. 8 ff., 43 ➡ aD4
Im Stadtstaat Hamburg prägt das Rathaus im Stil der Neorenaissance mit seinem 112 Meter hohen Turm das Stadtbild.

② Jungfernstieg
S. 10 ➡ aC4/5
Hamburgs Paradezeile hat auf der einen Seite feine Geschäfte, auf der anderen das Flanierufer der Binnenalster mit dem Anleger der Alsterdampfer und dem Alsterpavillon.

③ Hafen/Hafenrundfahrt
S. 15 f., 39 ➡ cD2–4
Deutschlands größter Seehafen erschließt sich am besten vom Wasser her, weil die Kapitäne der Rundfahrtboote ihr Revier kennen wie ihre Westentasche.

④ »Michel«/St. Michaelis
S. 17, 44 ➡ aD2
Die Barockkirche St. Michaelis ist nicht nur bei Konzerten einen Besuch wert, denn von der Aussichtsplattform im Turm bietet sich ein weiter Ausblick.

⑤ Speicherstadt/HafenCity
S. 18 f., 36 ➡ aE/aF3–6
Bei den historischen Hafenhäusern entstand mit der HafenCity ein neues Quartier mit mehreren Museen, dem Anleger der Kreuzfahrtriesen und touristischen Attraktionen.

⑥ Fischmarkt
S. 20, 38 f. ➡ K6
Kein Geheimtipp, aber immer wieder witzig: der Fischmarkt bei der historischen Fischauktionshalle.

⑦ Reeperbahn
S. 22 ff., 43 ➡ J7/8
St. Paulis lebenslustigste Meile markiert nicht nur einen der bekanntesten Rotlichtdistrikte Europas, sondern auch ein bürgerliches Unterhaltungsquartier.

⑧ Musical-Bühnen
S. 23, 63, 64
➡ aG2, ➡ J8, ➡ G6
Mit der Deutschlandpremiere von »Cats« begann 1986 Hamburgs Karriere als Musical-Metropole: Neben dem **Theater im Hafen**, dem **TUI Operettenhaus** und dem **Neue Flora Theater** zeigen auch kleine Bühnen, was auch in London und New York erfolgreich ist.

Hamburger Kunsthalle
S. 31 ➡ aB/aC6
Eine der bedeutendsten deutschen Sammlungen von Malerei und Plastik aller Epochen.

 Chilehaus
S. 37 ➡ aD6
Das Kontorhaus aus Klinkersteinen, 1924 von Fritz Höger gebaut, erinnert an einen Schiffsbug.

Mein Hamburg
Lieblingsplätze des Autors

Liebe Leser,

dies sind einige besondere Orte dieser Stadt, an die ich immer wieder gern zurückkomme. Eine schöne Zeit in Hamburg wünscht Ihnen

Klaus Viedebantt

 Japanischer Garten
S. 14 ➡ aA2/3
Der fernöstliche Teil im Park Planten und Blomen ist stets eine Quelle der Ruhe und Inspiration, abgesehen von asiatisch-kulturellen Veranstaltungen. Eine Besonderheit sind die Teezeremonien an zwei Sonntagen im Monat.

 Museumshafen-Café
S. 21, 34, 51 ➡ K2
Die alte, noch fahrtüchtige Elbfähre ist ein guter Platz für Hamburger Speisen und Snacks zu moderaten Preisen – trotz Aussicht auf den Strom und Schiffs-Oldtimer.

 Museum für Völkerkunde
S. 34 ➡ F10
Amerikas Indianer, Neuseeland-Maori, Anden-Indios, Südsee-Insulaner – alles ist nur ein paar Schritte voneinander entfernt im Völkerkunde-Museum. Jedes Mal kann man sich in eine andere Kultur versenken.

 Lindenterrasse
S. 55 ➡ cC2
Max Liebermann machte die mit Linden bestandene Terrasse des Luxushotels Louis C. Jacob durch sein Gemälde von 1902 weltberühmt. Heute sind der Kaffeegarten und das Hotel von 1791 an der Elbe wieder erstklassig.

 Hamburger Engelsaal
S. 62 ➡ aB3
Das private Operettentheater hat in Hamburg seine Fan-Gemeinde, ist aber außerhalb kaum bekannt. Der Prinzipal, selber ein Tenor, bringt Klassiker wie »Die Fledermaus« auf die Bühne, dazu gibt's Pumpernickel-Canapees.

Hamburgs lebendige Innenstadt

Vormittag
Einkaufsbummel vorbei an den Sehenswürdigkeiten der City: Rathaus – Börse – Alsterarkaden – Jungfernstieg – Stephansplatz – Gänsemarkt – Hanse-Viertel.

Mittag
Snack im Passagenviertel.

Nachmittag
Gang durch die Neustadt: Großneumarktviertel – Peterstraße – hamburgmuseum – Große Wallanlagen – und durch Planten un Blomen – Lombardsbrücke – Rathausmarkt.

Mögen andernorts die Kathedralen das Stadtbild beherrschen – im Stadtstaat Hamburg prägt das ❶ **Rathaus** ➡ aD4 die Erscheinung. Es ist vergleichsweise jung, es entstand erst Ende des 19. Jahrhunderts auf etwa 4000 in den sumpfigen Grund gerammten Baumstämmen, nachdem das bisherige Rathaus dem großen Brand von 1842 zum Opfer gefallen war. Seither akzentuiert der 112 Meter hohe ❶ **Rathausturm** die Silhouette Hamburgs, Neorenaissance prägt die 110 Meter lange,

Die Stadttour finden Sie auch in der ausfaltbaren Karte rot eingezeichnet.

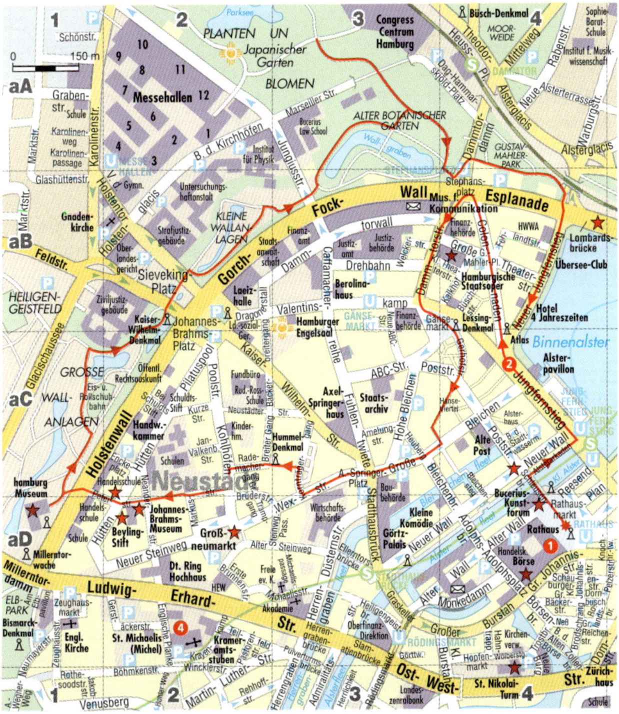

schmuckreiche Fassade ebenso wie die Prunkräume des Rathauses. Sie liegen zwischen dem linken Flügel, in dem das »Bürgerschaft« genannte Parlament zu Hause ist, und dem rechten mit dem Sitz des Senats, der Regierung.

Hier, vor allem im Turmsaal, reiht sich Hamburg malerisch ein unter die großen europäischen Stadtrepubliken. Wandbilder von Amsterdam, Athen, Rom und Venedig bezeugen diesen Anspruch. Der Große Festsaal ist hingegen Darstellungen aus der Hamburger Geschichte gewidmet.

Der Kaisersaal prunkt mit dem »Triumph der deutschen Seefahrt«, einem eindrucksvollen Deckenbild. Das Gemälde im Bürgermeistersaal zeigt, wie die Ratsherren 1897 in ihr neues Domizil

Die Fontäne der Binnenalster vor dem Rathausturm

einzogen, noch gewandet in der Tracht spanischer Granden, die erst nach Ende des Ersten Weltkriegs als »Gala-Uniform« der Senatoren abgeschafft wurde.

Im – sommers auch als Café genutzten – Ehrenhof gemahnt der **Hygieia-Brunnen** an die Cholera-Epidemie von 1892. Der Hof verbindet Rathaus, Handelskammer und **Börse** ➜ aD4, deren älteste Teile schon 1839 entstanden. Das Gebäude hatte einen Vorläufer, war Hamburg doch 1558 die erste deutsche Börsenstadt. Heute spielt die Hamburger Börse eine vergleichsweise geringe Rolle im internationalen Wertpapierhandel, sie will sich deshalb auf Nischen im Kapitalmarkt wie den Handel mit Fondsanteilen spezialisieren.

Die Alsterarkaden von 1844

Der mehrfach umgestaltete große Platz vor dem Hauptportal des Rathauses ist immer wieder ein Anlass für heftige Diskussionen. Beim letzten Umbau des Platzes wurde dieser zur Mitte hin etwas abgesenkt und folglich mit ein paar Stufen versehen. Diese sind bis heute umstritten – im Gegensatz zu den seitlich gelegenen **Alsterarkaden** ➜ aC4–aD3, die nach einem Brand originalgetreu restauriert wurden. Die Bögen der Arkaden bieten einen fotogenen Rahmen für das Rathaus – eines der klassischen Hamburg-Motive. Hier wirkt die nordisch-

kühle Stadt geradezu mediterran: Als Alexis de Châteauneuf 1844 den Arkadengang errichten ließ, orientierte er sich an Venedig. Deshalb wurde die Binnenalster auch bis zum Rathaus erweitert. Seither kann die schmucke Senatsbarkasse stilvoll vor dem Sitz der städtischen Macht festmachen.

Linker Hand steht vor dem Rathaus ein Denkmal für den kritischen Dichter und Denker **Heinrich Heine** (1797–1856). Die Stadt hatte den Autor von »Deutschland, ein Wintermärchen« bereits 1926 durch ein Standbild im Stadtgarten geehrt, dieses wurde aber in der Nazizeit zerstört, so wie auch seine Bücher verbrannt wurden. Das heutige Denkmal wurde 1982 von Bürgern und Senat errichtet. Es ist dem Vorgängerstandbild nachempfunden. Auf dem Sockel sind auf zwei Bronzereliefs die Bücherverbrennung und die Zerstörung des Stadtparkdenkmals dargestellt.

Die Arkaden enden am ❷ **Jungfernstieg** ➡ aC4/5, Hamburgs Paradezeile: Auf der einen Seite feine Geschäfte, auf der anderen das Flanierufer der Binnenalster mit dem Anleger der Alsterdampfer und dem **Alsterpavillon**, dem sechsten seiner Art an dieser Stelle. Der jetzige Pavillon, einst beliebt als Kaffee-und-Kuchen-Treff, ist inzwischen zu einem Restaurant mit Bar und moderner Trend-Gastronomie geworden. Zur Linken flankiert der **Neue Jungfernstieg** die Binnenalster, eine weltweit bekannte Adresse dank des **Hotels Vier Jahreszeiten** ➡ aB4 und des exklusiven **Übersee-Clubs**, der Mitgliedern vorbehalten ist. Unser Gang führt durch die benachbarten **Colonnaden** zum **Stephansplatz** ➡ aB/aC4, wo hinter den Bäumen der Wallanlage und den kontroversen Kriegerdenkmälern das SAS Radisson Hotel gen Himmel ragt.

Architektonisch beherrscht wird der Platz von der imposanten **Alten Oberpostdirektion** ➡ aB3/4, die als medizinisches Zentrum wiedereröffnet worden ist. Die kurze Strecke zum **Gänsemarkt** ➡ aB3/4 lohnt einige Fassadenblicke: Am Haus Nr. 25 hat Fritz Schumacher 1911 die Elemente der Patrizierhäuser mit der Sachlichkeit der Kontorhäuser vereint. Ein

Hamburgs schönste Seite – Blick auf die Binnenalster, den Jungfernstieg mit Rathaus und St.-Nikolai-Turm links

Tempel der Sachlichkeit ist die 1953 erbaute **Staatsoper** ➜ aB4. Hier wird Tradition verteidigt – Hamburg eröffnete 1678 das erste Opernhaus Deutschlands am Gänsemarkt. Ob dort immer nur der Kunstgenuss gepflegt wurde, sei dahingestellt, schrieb doch 1724 der »Patriot« in seiner Kritik: »Die meisten schienen weniger um der Opera selbst willen gekommen zu seyn, als daß sie theils mit ihren Bekannten schwatzen, theils endlich sich selbst zur Schau stellen mögten.«

In der Bühnenstätte hob sich aber 1767 auch der erste Vorhang für das Deutsche Nationaltheater, an dem Lessing seine »Hamburgische Dramaturgie« schuf. Jetzt

Wasserträger Hummel ist Hamburgs bekanntestes Symbol

blickt er von seinem Denkmalssockel herab auf einen etwas zugigen Platz und auf Hamburgs größtes Kinozentrum.

Am Gänsemarkt fächern sich Hamburgs Einkaufspassagen auf – »Merkurs neue Pfade« durchziehen die City. Da alle Passagen sich um Ambiente bemühen, wird der Einkauf zum Bummel. Stilprägend war das **Hanse-Viertel** ➜ aC4. Ein Zugang führt ins Renaissance-Hotel, das als Neubau hinter der denkmalgeschützten Fassade des Broschek-Hauses entstand. Das Hanse-Viertel hat Konsumgeschichte geschrieben: Ein Supermarkt im Keller musste zwischen den Glitzergeschäften auffallen. Der Manager stellte oben einen Tresen auf und bot Hummerhälften und glasweise Champagner an. Binnen kurzem galt es als chic, am Stehtisch gesehen zu werden. Heute ist die Schampusecke vor allem samstags eine Institution.

Eine weitere Verästelung des Passagensystems ist der **Bleichenhof** ➜ aC4 nahe beim Springer-Haus. Hier ermöglichen es Bildschirme, in den Archiven des größten deutschen Zeitungshauses zu stöbern. In den Kneipen des benachbarten **Großneumarktviertels** ➜ aD2 schäumen die Zapfhähne und erklingt der Boogie auch noch zwei, drei Stunden nach Mitternacht. Eine feine Gegend war das Quartier nie, heute wird es von Künstlern geschätzt und von Investoren bedroht. Von den Fachwerkhäusern des Gängeviertels sind nur noch wenige Relikte vorhanden. Vom bürgerlichen Glanz des 19. Jahrhunderts legen die Straßenzüge Wexstraße und Brüderstraße Zeugnis ab.

An schönen Sommerabenden scheint bisweilen die halbe Stadt zum Großneumarkt zu pilgern, um Bier und Wein im Freien zu genießen – nächtens nicht zur Freude der Anwohner. Die Neustadt ist nämlich trotz ihrer Citylage immer noch ein Wohngebiet. Das wird ein paar Meter weiter deutlich, am Rademachergang, wo für die Zunft der Schiffszimmermänner eine der typischen Hamburger Ziegelsteinsiedlungen entstand. Hier steht – von Richard Kuöhl in Stein gemeißelt – Hamburgs bekanntestes Symbol, der **Hummel** ➜ aC3. Eigentlich hieß er Wilhelm Bentz, er lebte von 1787 bis 1854 und war von Beruf Wasserträger. Wenn er mit seinen beiden Eimern, die er mit seiner Schulterstange schleppte, durch die Straßen ohne Wasseranschluss zog,

Ein Sohn der Stadt Hamburg: Johannes Brahms

riefen ihm die Buben nach »Hummel, Hummel«, weil er die Wohnung eines Mannes mit diesem Namen übernommen hatte. Der hochgewachsene Mann mit dem Zylinder antwortete derb und zuverlässig: »Mors, Mors« – eine plattdeutsche Bezeichnung für das menschliche Hinterteil. So kamen die Hamburger zu ihrem Erkennungsgruß und die Neustadt 1938 zum Hummelbrunnen. Und wer genau hinschaut, wird am gegenüberliegenden Haus auch einen steinernen Mors entdecken.

Was Steinmetzkunst auch heute noch in Verbindung mit moderner Bauweise vermag, zeigt sich in der **Peterstraße** ➡ aC1–aD2, wo ein sehenswertes historisches Stadtensemble wieder bzw. ganz neu entstand. Ein schmaler Fußweg führt vom Rademachergang und der Markus- in die Neanderstraße, wo eine scheinbar historische Häuserzeile ihren Betonkern hinter der Klinkerfassade verbirgt.

Original ist hingegen das **Beyling-Stift** ➡ aD2 schräg gegenüber, ein Mitte des 18. Jahrhunderts errichteter Fachwerk-Komplex, der seit 1899 ein Altersheim mit einem blumenbewachsenen, tagsüber zugänglichen Innenhof beherbergt. Das restaurierte Stift wird ergänzt durch nachgebaute Barockhäuser in der Peterstraße, die wie ein Stück Alt-Hamburg wirkt und damit ein beliebter Drehort für Filme mit historischen Themen geworden ist. Im ersten Stock des Hauses Nr. 39 wurde dem Hamburger Komponisten **Johannes Brahms** (1833–97) ein **Museum** ➡ aD2 eingerichtet, weil sein Geburtshaus in der nahen Speckstraße während des Krieges 1944 zerstört wurde.

Schiffsmodell im hamburgmuseum

*»Planten un Blomen«: beliebter Platz für einen kleinen »Schnack«
zwischendurch*

An diese und andere Zeiten erinnert das **hamburgmuseum** ➡ aD1
nahe der Peterstraße. Fritz Schumacher hat das Klinkerbauwerk 1922
über den Fundamenten einer ehemaligen Festung in der Grünanlage
des Holstenwalls geschaffen. Zu den Ausstellungsstücken gehören auch
viele architektonische Relikte, die nach dem großen Brand von 1842
gerettet werden konnten. Einige dieser Relikte aus der Stadtgeschichte
wurden in den Bau und seine Hofanlage eingearbeitet, deshalb lohnt
sich nicht nur ein Gang in, sondern auch um das inzwischen selbst
denkmalgeschützte Museum. So ist das Wappen des einstigen, 1842
abgebrannten Rathauses am Giebel der Nordfront angebracht.

Auf vier Etagen sind die Exponate der hamburgischen Geschichte
ausgebreitet, jeweils thematisch und zeitlich geordnet, von den Ur-
sprüngen der Hammaburg bis zur jüngsten Entwicklung im Flugzeug-
bau, von den Künsten der Silberschmiede bis zu einem Modell des
Salomonischen Tempels in Jerusalem, den Gerhard Schott, der Gründer
der Hamburger Oper, zwischen 1680 und 1692 aufgrund biblischer und
historischer Textüberlieferungen nachbaute.

Eine der attraktivsten Abteilungen ist angesichts der maritimen Geschichte der Stadt die Sammlung »Hamburgs Hafen und Schifffahrt«,
zu der unter anderem Hafenmodelle von 1900 und 1928 gehören,
die deutlich machen, wie sich Stadt und Hafen binnen weniger Jahre
entwickelt haben. Das Museum soll die größte Modellschiff-Sammlung
Deutschlands haben, und als schönstes Stück gilt die über vier Meter
lange »Wappen von Hamburg III«.

Nicht minder beliebt ist die **Modelleisenbahn-Anlage** im Oberge-
schoss, ein Nachbau der Strecke zwischen Hauptbahnhof und Ham-
burg-Harburg. Auf rund 250 Quadratmetern Fläche werden hier die
Züge strikt nach DB-Fahrplan gesteuert. Zu den Besonderheiten dieses
aufwendig umgebauten Museums gehörte der Frachtdampfer »Werner«, dessen begehbare Aufbauten in das Museum integriert wurden.
Dort kann man in einer audiovisuellen Schau das Leben auf See nachvollziehen, auch die Nachbildung eines Börsenplatzes
von 1558. Vom historischen Museum aus empfiehlt sich ein kleiner Spa-
ziergang durch die Wallanlagen. Die einstigen Bollwerke zum Schutz

der Stadt sind längst geschleift. Übrig blieb der Wallringpark, eine lang gestreckte Grünanlage, die von der Elbe bis zur Alster reicht. Der belebteste Teil sind die **Großen Wallanlagen** ➡ aC/aD1/2 beim Museum, da hier nicht nur der Japan- und der Barockgarten, sondern vor allem auch die Kinderspielplätze und die Rollschuhbahn (im Winter eine Eisbahn) für entsprechenden Andrang sorgen.

Wesentlich geruhsamer geht es weiter nördlich in den Wallanlagen zu, wo die mächtige Imponierarchitektur der **Justizgebäude** am Sievekingplatz an wilhelminische Zeiten erinnert. Architektonisch attraktiver ist die **Laeiszhalle** ➡ aB2, eine Spende des kunstsinnigen Reeder-Ehepaars Laeisz. Der Musentempel entstand 1908 in baulicher Anlehnung an den einstigen Hamburger Backstein-Barock, er hat zwei Säle, von denen einer 2000 und der andere über 600 Zuhörern Platz bietet. Auf dem Vorplatz dieser Halle erinnert ein zweiteiliges **Denkmal an Johannes Brahms**. Die modernen Plastiken stehen in reizvollem Kontrast zu sehr realistischen Plastiken gegenüber am **Haus der Deutschen Angestellten-Gewerkschaft**. Dieser strenge kubische Klinkerbau von Ferdinand Sckopp und Wilhelm Vortmann trägt auf der einen Seite Bronze-Athleten, auf der anderen einen veritablen Elefanten.

Die hier schmale Wallanlage bietet kleine Teiche, Wasserläufe, Schachanlagen und ähnliche gärtnerische Elemente – ein optisches Entree für den sich anschließenden **Alten Botanischen Garten** ➡ aA/aB3, an dessen Rand die immer wieder für Diskussionen sorgenden Krieger-Denkmäler stehen. Der Botanische Garten ist quasi zum Vorgarten für **Planten un Blomen** ➡ G8 (Hamburger Platt für Pflanzen und Blumen) geworden, jenen renommierten Park, der schon dreimal die Stätte internationaler Gartenbauausstellungen war. Als Quelle der Ruhe und Inspiration erweist sich der ✿ **Japanische Garten**, in dessen Teehaus an zwei Sonntagen im Monat die Teezeremonien zelebriert wird.

Bekannt ist der Park im Schatten des 279,8 Meter hohen (unzugänglichen) **Heinrich-Hertz-Fernsehturms** ➡ G8 nicht nur für seinen üppigen Blumenschmuck, sondern auch für seine »Wasserorgel«, die allabendlich im Sommer um 22 Uhr für ein buntes Schauspiel sorgt.

Hier ist das Ende unserer Route fast erreicht, denn am Stephansplatz waren wir bereits einmal. Wer jetzt noch einige Energien in Reserve hat, kann in der Dammtoranlage hinunterlaufen bis zur Alster und auf die **Lombardsbrücke** ➡ aB5, die ihren Namen einem Pfandleihhaus verdankt, das hier im 17. Jahrhundert gegründet wurde. Von der Lombardsbrücke aus werden all die Postkartenfotos gemacht, die Hamburgs Stadtsilhouette zeigen, garantiert mit den Kugellampen der Brücke im Vordergrund. Der auf dem Hinweg ausgesparte Neue Jungfernstieg entlang der Binnenalster geleitet uns nun zurück zum Ausgangspunkt im Herzen der Stadt, zum Jungfernstieg und zum Rathausmarkt.

Heinrich-Hertz-Fernsehturm

Imposantes Traumschiff vor den Landungsbrücken: »Queen Mary 2«

Hamburgs Tor zur Welt

Vormittag
Landungsbrücken – »Rickmer Rickmers« und »Cap San Diego« – Michel.

Mittag
Mittagessen: Hamburg-Spezialitäten im **Old Commercial Room** am Michel.

Nachmittag
Speicherstadt mit Miniatur-Wunderland – HafenCity und Internationales Maritime Museum.

Diese Stadttour finden Sie S. 16/17 und in der ausfaltbaren Karte blau **eingezeichnet.**

Als »Tor zur Welt« wird in Hamburg gerne der ❸ **Hafen** bezeichnet, zu Recht, denn von hier aus ist nahezu jeder Hafen auf dem Globus erreichbar. Oft wird in diesem Zusammenhang auch auf das Staatswappen verwiesen, das ein befestigtes Stadttor zu zeigen scheint. Historisch ist damit allerdings wohl der mittelalterliche Mariendom gemeint. Wie auch immer, die – meist – geschlossene Pforte im Wappen ist eine Steilvorlage für Bremen. Die Rivalen von der Weser sagen unter Verweis auf ihr Wappen: »Hamburg mag vielleicht das Tor zur Welt sein, aber wir Bremer haben den Schlüssel.«
Das ist zwar auch ein wenig Hanseaten-Folklore, aber unübersehbar wenden sich die Hamburger neuerdings ihrem Hafen stärker zu als bisher. Früher zelebrierten sie einmal im Jahr den Hafengeburtstag an den Landungsbrücken, ansonsten überließen sie das Elbrevier weitgehend den Touristen. Das hat sich seit Baubeginn der HafenCity verändert, ein guter Grund, auf Hamburgs maritimen Pfaden zu wandeln.
Erste Station sind die erwähnten **Landungsbrücken** ➡aE1, an denen einst die Überseedampfer festmachten. Heute legen hier die Elbfähren sowie die Schiffe und Barkassen der Hafenrundfahrten ab.

Die barocke Fassade der St.-Michaeliskirche

Jedes Boot hat seinen »He lücht«. Das ist Hamburger Platt und heißt auf Hochdeutsch »Er lügt« – weil die Kerls am Mikrofon unterwegs so manches Seemannsgarn spinnen. Keine Sorge, man merkt schon, wenn die Fahrensleute flunkern, – mit einer Ausnahme: wenn die Barkassenführer mit sonorer Stimme versichern: »Es geht sofort los!« Wirklich los geht es aber erst, wenn sie genug Fahrgäste »gekobert« haben (die größeren Boote halten sich an den Fahrplan).

Ohne Hafenrundfahrt ist ein Hamburg-Besuch nur eine halbe Sache. Aber auch zu Fuß lässt sich gut Seeluft schnuppern, etwa auf der Promenade entlang den Straßen **Johannisbollwerk und Vorsetzen**, stets mit Blick zum Schiffsgewusel auf der Elbe. Zwei schwimmende Museen passen perfekt ins Bild, der Dreimaster **»Rickmer Rickmers«** ➡ aE1 und der schöne Stückgutfrachter **»Cap San Diego«** ➡ aF1. Die 1896 für die Rickmers-Reederei gebaute Bark war zeitweise auch als Schulschiff der portugiesischen Marine unterwegs. Die 1962 vom Stapel gelaufene »Cap San Diego« pflügte den Atlantik hauptsächlich auf den Südamerikarouten.

Der »weiße Schwan des Südatlantiks« ist heute das größte seetüchtige Museumsschiff der Welt und geht bisweilen mit Touristen auf kleine Fahrt. In den Kojen des Stückgutfrachters kann man übrigens

Malerisch auf einer Halbinsel in den Fleeten der Speicherstadt gelegen, das sogenannte Wasserschlösschen

auch übernachten, ebenso auf dem nahe gelegenen, ausgemusterten Feuerschiff von 1952.

Mittagszeit. In dem alten Seemannsviertel gibt es mehrere portugiesische Restaurants. Wer jedoch typisch norddeutsche Kost bevorzugt und zugleich eine Hamburger Ikone kennenlernen möchte, sollte einen kurzen Abstecher landeinwärts unternehmen, zum ❹ »Michel« ➡ aD2. Die Hauptkirche St. Michaelis, so der offizielle Name, gilt als der bedeutendste Barockbau Norddeutschlands, ihr 132 Meter hoher Turm ist – auch dank seines Aufzugs – ein beliebter Aussichtspunkt. Wer von der Höhe vor das Hauptportal schaut, blickt auf den **Old Commercial Room**. Zu den Spezialitäten des Restaurants in einem Haus vom Jahrgang 1795 zählt das Matrosengericht Labskaus.

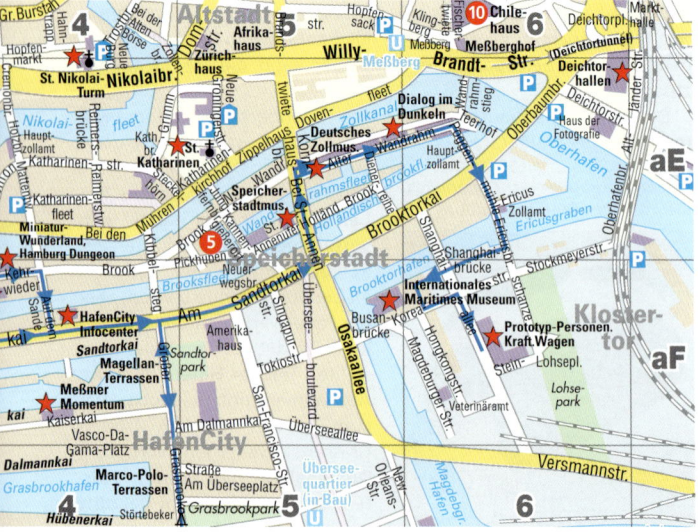

So gestärkt geht es vorbei am vom Schiffsbau inspirierten Gebäude des Gruner+Jahr Verlags (Stern, Brigitte etc.) zurück zum Elbufer. An der U-Bahn-Station Baumwall bietet die Niederbaumbrücke einen Weg hinüber zur ❺ **Speicherstadt** ➡ aE/aF3–6. Auf etwa 1,5 Kilometern Länge ziehen sich hier seit 1883 (Baubeginn) Lagerhäuser hin an den **Fleeten**, den Wasserarmen des Hafens. Auf Eichenpfählen sind die Speicher gegründet, seit 1991 genießen sie den Status eines Baudenkmals. Diese schmalen, bis zu sieben Etagen hohe Bauten, die »Klinkerkathedralen des Kommerzes«, werden kaum noch als Lagerflächen genutzt, sie sind inzwischen begehrte Büroadressen und bergen eine Reihe von Touristenattraktionen. Die Straße Kehrwieder führt gleich zu zweien: **Hamburg Dungeon** ➡ aF4, ein Horrorkabinett mit lokalhistorischem Anspruch, und das **Miniatur-Wunderland** ➡ aF4, die größte H0-Modelleisenbahn-Anlage der Welt. Sie wird noch weiter ausgebaut, 2020 soll das Ziel mit 2300 Quadratmetern Fläche erreicht sein. Bahnfans jeden Alters stehen hier täglich Schlange an der Kasse – und das ist wörtlich zu nehmen. Deshalb empfiehlt es sich, vorab Tickets im Internet zu kaufen.

Andrang ist hingegen ein Fremdwort jenseits des Kehrwiederfleets. Am Sandtorkai erfreut sich das benachbarte **Gewürzmuseum Spicy's** ➡ aF4 vor allem bei Veranstaltungen regen Interesses. Zum alten Kesselhaus der Speicherstadt sind es nur ein paar Schritte – empfehlenswerte Schritte, denn das **Infocenter der HafenCity** ➡ aF4 bietet eine vorzügliche Vorbereitung auf Hamburgs neuesten Stadtteil. Er entsteht auf alten Hafenflächen, die im Zeitalter des Containerumschlags von der Schifffahrt nicht mehr gebraucht werden.

Gegenüber dem Infocenter erhebt sich auch die erste Reihe der Neubauten dieses Projekts, das etwa 2025 abgeschlossen sein soll. Es lohnt sich, zwischen den Wohn- und Bürohäusern hindurch zu gehen zum Traditionsschiffhafen. An den Pontons sind hier zumindest im Sommer alte Segelschiffe und Kleindampfer vertäut.

Am Ende des Hafenbeckens steigen die **Magellan-Terrassen** ➡ aF4 stufenförmig an, ein gelungenes städtebauliches Element, das sich in den **Marco-Polo-Terrassen** am Grasbrockhafen wiederholt. Hier, am Kaiserkai, hat das ostfriesische Teehaus **Meßmer** sein **Momentum** ➡ aF4 eingerichtet, eine Teestube mit interaktivem Tee-Museum, in dem man auch den Spezialisten zuschauen kann, die Teemischungen zusammenstellen.

Die meisten Neubauten entlang den Hafenbecken – und in anderen Teilen der HafenCity – überzeugen nur bedingt. Die Kastenform triumphiert. Die Fassaden sind

Einem Dinosaurier nicht unähnlich: Viewpoint HafenCity Hamburg

zwar durch unterschiedliche Farben und mehr oder minder weit vorspringende Fensterkästen viel abwechslungsreicher gestaltet als bei Durchschnittsbauten, aber ein Feuerwerk architektonischer Ideen findet man im bislang erstellten Teil der HafenCity nicht. Ausnahmen gibt es jedoch: Wer zum Beispiel auf dem Großen Grasbrook weitergeht, vorbei am **Denkmal für den Piraten Störtebeker**, der hier wohl geköpft wurde, stößt auf den in seinen

Rundungen lebendig wirkenden **Marco Polo Tower** ➔ aG4. Das Wohnhochhaus und das unmittelbar benachbarte, optisch abwechslungsreiche **Hochhaus des Unilever-Konzerns** fallen positiv auf. Das lichtdurchflutete Atrium ist öffentlich zugänglich und birgt ein Café, in dem die Produkte des Lebensmittelunternehmens serviert werden. Die Halle öffnet sich schließlich zu Stufen am Strom, die aus der Elbe eine Inszenierung machen.

Denkmal für den Piraten Klaus Störtebeker in der HafenCity

Nebenan liegen die beiden **Terminals des Kreuzfahrtzentrums** ➔ aG5, Provisorien, von denen eines pfiffig aus bunten Containern errichtet wurde. Das künftige Cruise Centre macht als Modell einen ebenso interessanten Eindruck wie der attraktive Neubau des Spiegel-Verlags auf der Ericusspitze. Ansonsten muss man die baulichen Überraschungen eher im Detail suchen, zumal das Wissenschaftsmuseum, ein wie ein riesiges Fenster wirkendes Projekt, wegen Geldmangels zurückgestellt wurde. Geldverschwendung werfen die Hamburger hingegen ihrer Stadt vor, wenn sie von der **Elbphilharmonie** ➔ aF/aG3 am anderen Ende der HafenCity sprechen. Der pannenreiche Bau sollte längst eröffnet sein, nun wird es wohl 2017 werden. Die Baukosten sind derweil explodiert, von einst 77 auf bis zu 789 Millionen Euro. Das offizielle Hamburg erhofft sich von seinem Konzertgebäude, einem Glasaufsatz mit gebogenen Spezialscheiben auf einem alten Klinkerlagerhaus, eine ähnliche Ausstrahlung wie die der Oper in Sydney. Ein hoher Anspruch.

Vier weitere Museen in diesem alt-neuen Stadtquartier sind architektonisch ganz nach dem Geschmack der Leute von der Waterkant (inhaltlich auch): Das **Speicherstadtmuseum** ➔ aE5 zur Geschichte des einst duftenden Reviers für Kaffeesäcke, Teekisten, Orientteppiche und andere Schätze der Ferne, das **Deutsche Zollmuseum** ➔ aE5 mit seinen Exponaten aus Freihafen-Jahrzehnten, das Museum **Prototyp** ➔ aF6 für Autofans und schließlich das **Internationale Maritime Museum** ➔ aF5. Sie alle wurden in früheren Lagerhäusern eingerichtet, nur die Zöllner räumten ein historisches Amtsgebäude, natürlich auch direkt am Fleet, damit der Zollkreuzer am Museum anlegen kann. Das Maritime Museum gilt als eine der weltweit besten Sammlungen zur Seefahrt; wer sich für das Thema besonders interessiert, sollte für den Besuch einen halben Tag einplanen. Die ungewöhnlichste Ausstellung in der HafenCity ist der **Dialog im Dunkeln** ➔ aE5, in der man bei Führungen die Welt der Blinden nachvollziehen kann oder, nach Anmeldung, auch in Dunkelheit speisen kann.

Es mangelt nicht an Restaurants aller Art in der HafenCity, rund ein Dutzend sind es im derzeitigen Ausbaustadium. Die traditionsreichste trägt den schlichten Namen **Oberhafen-Kantine** ➔ aE7, seit 1925 eine »Kaffeeklappe« für die Hafenarbeiter, die zeitweise von Gourmetkoch Tim Mälzer betrieben wurde, der aber bürgerliche Gerichte zu ebensolchen Preisen servierte. Mälzer sorgte vor einigen Jahren bundesweit, vor allem aber südlich des Mains für Schlagzeilen mit der Behauptung, die Weißwurst sei eigentlich eine Hamburger Erfindung. Folglich serviert die Oberhafen-Kantine sie auch nach Küstenrezept, mit etwas Hering als Gewürz im Darm. Das schief stehende Häuschen gilt eben nicht zu Unrecht als Hamburgs schrägstes Restaurant. ■

Stromab: Von Altona nach Övelgönne

Die Route finden Sie in der ausfaltbaren Karte grün **eingezeichnet.**

Kunstausstellung in der gekachelten Röhre: Der Alte Elbtunnel kann für Veranstaltungen gemietet werden

Die Landungsbrücken sind der Ausgangspunkt für unsere Stadttour in die HafenCity, bieten aber auch in entgegengesetzter Richtung, stromab, eine attraktive Alternative. Gleich neben dem lang gezogenen Piergebäude fällt ein tempelartiger Bau mit großem Kuppeldach auf: der Eingang zum **Alten Elbtunnel** ➡ K7/8. 24 Meter unter dem Strom verlaufen zwei mit Steingutreliefs verzierte Röhren, 426 Meter lang hinüber zum Südufer. Der Tunnel steht unter Denkmalschutz, ist aber immer noch ganz normal im Einsatz, offen für Fußgänger, Radfahrer und Autos, die mit Spezialfahrstühlen hinab und hinauf gelüftet werden.

Ein paar Schritte weiter stehen oberhalb der Straße am Ufer die bunt bemalten Häuser der **Hafenstraße** ➡ J7, die in den 1980er Jahren von linken Gruppen besetzt wurden und heute von einer Genossenschaft verwaltet werden. Touristen sind da weniger gern gesehen, insbesondere, wenn sie mit Kameras anrücken. Aber man kann die einst schlagzeilenträchtigen Häuser von unten aus gut sehen und fotografieren. Unmittelbar am Ufer verläuft ein als Promenade gestalteter Schutzdamm gegen Hochwasser – Ebbe und Flut der 100 Kilometer entfernten Nordsee sind in Hamburg noch wirksam. Die Route führt auf die historische **Fischauktionshalle** ➡ K6 zu. Sie ist heute eine Veranstaltungsstätte, der berühmte sonntägliche ⑥ **Fischmarkt** findet vor ihren Mauern statt.

Auch weiter stromab haben sich in alten Lagerhäusern und Neubauten – der »Hamburger Perlenkette« in der Maklersprache – Restaurants und Cafés angesiedelt. Die spektakulärste Architektur bietet das Bürohaus **Dockland** ➡ K5, das auf einem Pier des alten Fischereihafens in Form eines Parallelogramms entstand. Die eine Spitze ragt wie ein Schiffsbug 40 Meter über das Wasser hinaus. Am anderen Ende des sechsstöckigen Gebäudes – nach einem Entwurf des Hamburger Architekturbüros Bothe Richter Teherani – kann man über eine Freitreppe auf die Dachplattform steigen und sich für die Stufen mit einem

Prachtblick über Strom und Hafen belohnen. Am Fischereihafen befindet sich auch der zweite Kreuzfahrtterminal der Stadt.

Nächstes Ziel ist der **Museumshafen Övelgönne** ➡ K2, aber zuvor wird das **Augustinum** passiert, ein Seniorenheim der Oberklasse. Auf dem Dach des ehemaligen Kühlhauses ruht unter einer Glaskuppel die »Elbwarte«, das Restaurant des Hauses (steht Di, Do und Sa/So 15–18 Uhr zu Kaffee und Kuchen offen). Von oben bietet sich auch ein Blick auf den Museumshafen, dessen Verein inzwischen

Frische Fische, gackernde Hühner und grüne Palmen: der sonntägliche St.-Pauli-Fischmarkt

über 20 Schiffe und zwei Kräne besitzt. Vor allem Freunde des Dampfantriebs kommen hier bei gelegentlichen Ausfahrten mit Gästen auf ihre Kosten – auch im schwimmenden ✺ **Museumshafen-Café**.

Ein besonderer Brocken ist der dampfgetriebene Eisbrecher »Stettin«, der zwar einem eigenen Verein gehört, hier aber oft festmacht. Mit nahezu 2000 PS ging der maritime Kraftprotz einst auf die Eisplatten los, heute können die Gäste an Bord verfolgen, wie im Bauch des fast 80 Jahre alten Schiffes Freiwillige bis zu 1500 Kilo Kohle pro Stunde in die Öfen schaufeln, um die zwei Kessel unter Dampf zu halten.

Ein paar Schritte weiter beginnt die Reihe der ehemaligen **Lotsenhäuser** ➡ K2, an denen ein bei schönem Wetter stark frequentierter

Stark frequentiert: der Elbstrand in Övelgönne

Spazierweg vorbeiführt. Einige Restaurants und Cafés erfreuen auch im Winter die Besucher. Die bekanntesten sind wohl **das weiße haus** am Museumshafen, einst mitgegründet vom inzwischen ausgeschiedenen Starkoch Tim Mälzer, und die **Strandperle** ➡ K2, eine Art Kultstrandbude. Övelgönne hat auch einen Anleger für die Hafenfähren, wer mag, kann hier also bequem zurückschippern und von Bord die Villen oberhalb der Uferwege an der Elbchaussee begutachten.

Wer noch eine größere Dosis Strand und Strom sucht, trottet weiter, zum **Alten Schweden** ➡ westl. K1, einen 217 Tonnen schweren Findling, der 1999 beim Ausbaggern der Fahrrinne in der Elbe gefunden und geborgen wurde. Und wie kam der steinerne Riese zu seinem Namen? Wissenschaftler haben anhand von Gesteinsproben festgestellt, dass der Granit aus dem schwedischen Småland stammt. »Hamburgs ältester Einwanderer« ist vor mindestens 320 000 Jahren mit dem Eis der Eiszeit soweit südlich gelangt.

Endstation dieses Streifzugs soll der Anlegesteg von **Teufelsbrück** ➡ westl. K1 sein. Und woher stammt dieser Name? Vielleicht wegen der hiesigen Variante der beliebtesten Teufelslegende: Der Zimmermann, der den Anleger bauen sollte, versicherte sich der Hilfe des Leibhaftigen und versprach ihm dafür die Seele des ersten Lebewesens auf der »Brück«. Das war statt des erwarteten Pfarrers ein von den Dorfbewohnern auf den Steg gejagter Hase. Folglich müssen auch die Kapitäne der Hafenfähren den gehörnten Hinkefuß nicht fürchten, wenn sie hier anlegen.

Hamburg bei Nacht: Auf der Reeperbahn

St. Pauli und ⑦ **Reeperbahn** ➡ J7/8, das steht seit Generationen für anrüchige Rotlicht-Vergnügungen, auch wenn der Stadtteil größtenteils ziemlich bürgerlich besiedelt ist und selbst im Hurenquartier immer schon neben den Bordellos recht brave Etablissements zu finden waren. So ist es nicht überraschend, dass gleich auf den ersten Metern der

Auch ein Hamburger »Muss«: die Große Freiheit, eine Seitenstraße der Reeperbahn

Gala zum 20-jährigen Bestehen von Schmidts Tivoli (2011)

Reeperbahn das ❽ **TUI Operettenhaus** ➡ J8 auf sein jüngstes Musical hinweist. Hier begannen 1986 die »Cats« des Komponisten Andrew Lloyd Webber ihre Deutschland-Eroberung, hier behaupteten sie 15 Jahre lang die Bühne – und kehrten Ende 2010 zurück, allerdings in ein Zelttheater auf dem nahen Heiligengeistfeld. 2007 gab es im Operettenhaus mit dem Udo-Jürgens-Musical »Ich war noch niemals in New York« sogar eine Weltpremiere. Ende September 2010 wechselte die Inszenierung nach Stuttgart. Seit November 2012 läuft »Rocky – das Musical«, eine Weltpremiere im Gefolge der Rocky-Filme.

Das **Panoptikum** ➡ J7 nebenan, Deutschlands ältestes (1879) und größtes Wachsfigurenkabinett, zeigt auch eine Figur aus »Cats«. Und dank der Wachsbildhauer sind sogar Angela Merkel und Ex-Papst Benedikt XVI. auf der »sündigen Meile« angekommen. Vier bis acht Monate braucht es, solch eine rund 20 000 Euro teure Figur herzustellen.

Dem Namen Spielbudenplatz, der hier die Reeperbahn nahtlos flankiert, machen auch **Schmidt Theater** und **Schmidts Tivoli** ➡ J7 alle Ehre. Beiden Bühnen gebührt das ansonsten inflationär verwandte Prädikat »Kult« wirklich. In den flotten Kleinkunstprogrammen begann manche Karriere oder nahm zumindest Fahrt auf. Und seit 2003 begeistern im Kiez-Musical »Heiße Ecke« neun Schauspieler in 50 Rollen, was bedeutet, dass es in dem Imbiss auf St. Pauli bühnenturbulent zugeht, zumal die Schauspieler zwischendurch mal tagesaktuelle Anspielungen einfließen lassen. »Eine wunderbare Liebeserklärung an die ‚geile Meile'«, kommentierte die »Hamburger Morgenpost«.

Manch bühnenreifen Auftritt erleben gewiss auch die Polizisten der **Davidwache** ➡ J7, in Wirklichkeit, nicht als Schauplatz in Film und Fernsehen (»Großstadtrevier«). Es dürfte die einzige Polizeiwache sein, der eine – inoffizielle – Fanseite im Internet gewidmet ist. Unter www. davidwache-hamburg.de erfährt man beispielsweise auch, dass dieses Revier weniger als ein Quadratkilometer groß ist, dort aber etwa 300 Prostituierte tätig sind und am Wochenende rund 200 000 Besucher um die Ecken ziehen. Einer – gar nicht so kleinen – Minderheit in dieser Besucherschar ist allerdings ein paar Meter seitlich der Wache jeglicher

Apfelblüte im Alten Land an der Elbe

dern einen Vertrag abschloss. Die mit durchweichter Heimat vertrauten westlichen Nachbarn bauten Dämme am Strom und entwässerten ihr neues Land an der Elbe. Sie und ihre Nachfolger gelangten dadurch zu Wohlstand und die Dörfer zu schmucken Höfen. Ihr Kennzeichen sind die fotogenen **Prunkpforten** und das typische Buntmauerfachwerk.

Letzteres macht jedes Haus zu einem Einzelstück, mag auch das Raster der Fachwerk-Rechtecke gleich sein. Aber in jedem Rechteck wurden die Ziegel zu anderen Mustern zusammengesetzt, ob aus Freude an der Zier oder ob man mit manchen Mustern bösen Geistern trotzen wollte, ist bis heute ungewiss. Genaueres weiß man von diesen zwei Mustern: Donnerbesen sollten Böses fernhalten, Windmühlenflügel für steten Vorrat in der Kammer sorgen. Vermutlich dienten auch die Löwenköpfe an den Prunkpforten vor den Höfen mythischen Zwecken als Wächter des Hauses. Die Torbögen – ein großer für die Wagen, ein kleiner für Menschen – sollten aber gewiss auch vom Wohlstand der Bauern zeugen.

Das gilt fraglos für die schönen Altländer Festtrachten, die für unverheiratete und verheiratete Frauen unterschiedlich, aber gleichermaßen mit Altländer Filigran geschmückt waren. Diese feinen Silberarbeiten und -knöpfe, eine von Seeleuten mitgebrachte Kunst, wurden zur Spezialität des gesegneten Landstrichs. Auch die Männer trugen Silberknöpfe am blauen oder schwarzen Wams, zu Brokatwesten und glänzendem Zylinder.

Würdig trat man sonntags so dem Herrn entgegen, in einer der zehn Fachwerkkirchen, deren Türme separat errichtet wurden, damit der weiche Grund sie tragen konnte. Die Orgeln sind bis zu 500 Jahre alt, an acht von ihnen hat der berühmte Orgelbaumeister Arp Schnitger (1648–1719) mitgewirkt. Schnitger wurde im Mittelgang der **St.-Pankratius-Kirche** in **Neuenfelde** ➜ cD2 bestattet. Viel Geschichte und viele Geschichten prägen das größte Obstanbaugebiet Mitteleuropas, so mangelte es auch nicht an Themen, als 1990 in Jork das **Museum Altes Land** ➜ cD1 gegründet wurde, natürlich in einem besonders schönen Fachwerkbauernhaus.

Hinaus auf See: Insel Neuwerk

Origineller kann man in Deutschland kein Urlaubsziel erreichen als die Insel Neuwerk mit dem Pferdewagen durchs Watt. Der Landflecken liegt in der Nordsee, gut 100 Kilometer von Hamburg entfernt, und ist dennoch ein Teil der Hansestadt, und das seit gut 700 Jahren. Für die Hamburger war die Insel von hoher strategischer Bedeutung, lag sie doch direkt an der Elbmündung. Von hier aus konnte der Schiffsverkehr kontrolliert und von See anrückende Feinde früh bemerkt werden. Deshalb errichtete der Senat bereits 1310 einen Wachtturm. Das 35 Meter hohe Bollwerk, Hamburgs ältestes Gebäude, ist seither auch ein wichti-

ges Seezeichen für die Schifffahrt. 1814 wurde es als **Leuchtturm** ausgebaut, heute ist es der älteste »Feuerträger« Deutschlands, ergänzt seit einigen Jahren durch einen modernen Radarturm.

Der massive Wehrturm, der für die heute etwa 40 Bewohner auch stets ein Zufluchtsort bei Sturmfluten war, ist denn auch die wichtigste Sehenswürdigkeit der Insel. Einst gab es für Beamte, die Neuwerk besuchten, im Turm eine Senatswohnung. Heute bietet eine Pension Zimmer hinter den dicken Ziegelmauern an. Die rund 120 000 Inselbesucher pro Jahr sind überwiegend Tagesgäste, die nur bei Flut mit dem Schiff anlanden können. Aber

Sonnenuntergang über dem Wattenmeer

wenn Ebbe herrscht, kann man Neuwerk zu Fuß oder, wie erwähnt, in einer Stunde mit dem Wattwagen erreichen. In Cuxhaven geht es los, zwölf Kilometer sind es hinüber zum Stückchen Hamburg im Watt, zu dem auch noch die Vogelinseln Scharhörn und Nigehörn gehören. Alles zusammen bildet den **Nationalpark Hamburgisches Wattenmeer** (seit 2011 UNESCO-Weltnaturerbe), der auch ein Informationszentrum eingerichtet hat und Führungen durch das Watt oder zu den ansonsten gesperrten Vogelinseln anbietet.

Viele Gäste, die auf Neuwerk übernachten, kommen, um Seevögel zu beobachten oder zu fotografieren, andere schauen sich die »dicken Pötte« an, die an der Insel vorbeischippern, um den Hamburger Hafen oder den Nord-Ostsee-Kanal anzusteuern. Und was macht man sonst auf einer Insel, die man auf dem Deich in einer Stunde umrunden kann? Beliebt ist die Suche nach dem »Gold des Nordens«, dem Bernstein im Watt, im kleinen **Bernsteinmuseum** erfährt man alles Wesentliche über das versteinerte Baumharz. Ein Besuch auf dem **Friedhof der Namenlosen** ist geradezu obligatorisch. Auf ihm wurden früher auf See Ertrunkene bestattet, die von der Flut angeschwemmt wurden. Ein Gedenkstein mit einem Gedicht von Gustav Falke versichert: »… Heimatlose seid ihr nicht.« ∎

Mit der Pferdekutsche durchs Watt zur Insel Neuwerk

Museen und Galerien, Architektur und andere Sehenswürdigkeiten

Museen und Galerien

Alstertal-Museum ➡ cB4
Wellingsbüttler Weg 75a
Hummelsbüttel
S1: Wellingsbüttel
✆ (040) 536 66 79
Sa/So 11–13 und 15–17 Uhr
Eintritt frei
Das kleine Heimatmuseum für das »Dorf in der Großstadt« ist der Geschichte des Alstertals gewidmet. Ein Schleusenmodell macht die einstige Schifffahrt auf der Alster nachvollziehbar.

Altonaer Museum ➡ J4
Museumstr. 23
S1/3: Altona
✆ (040) 42 81 35 35 82
www.altonaermuseum.de
Tägl. außer Mo 10–17 Uhr
Eintritt € 6, unter 18 J. frei
Es ist eines der vielbesuchten Museen in Hamburg und versteht sich als Sammlung für Folklore

Altona um 1850

und Malerei des norddeutschen Raums.

Sehr bekannt ist die Kollektion der Galionsfiguren. Originale Bauernstuben und Bauernhausmodelle sowie eine voll eingerichtete Ratsapotheke von 1823. Das beliebte Museumsrestaurant befindet sich in einer Vierländer Kate von 1745.

BallinStadt Auswanderermuseum ➡ cD4
Veddeler Bogen 2b
S3/31: Veddel/Ballinstadt

Eine interaktive Erlebnisausstellung für die ganze Familie: »Sprechende Auswanderer« in der Auswandererwelt BallinStadt

Auf dem Weg zum Schiff: Auswanderer aus Europa in der BallinStadt

☎ (040) 31 97 91 60
www.ballinstadt.de
Tägl. 10 – 18, Nov.–März bis 16.30
Uhr, Eintritt € 12,50/7
Rund 5 Mill. Menschen sind zwischen 1850 und 1934 über den Hamburger Hafen ausgewandert. Der Reeder Ballin, dessen Schiffe viele der Auswanderer transportierten, ließ ihnen eine Halle bauen. Auf diesem Gelände entstand das 2007 eröffnete Auswanderermuseum, wo alle Daten der Ausreisenden digital einsehbar sind. Das Museum hat auch einen Anleger, so können Besucher auch passend per Barkasse (Maritime Circle Line) anreisen.

Bucerius Kunst Forum
➡ J10
Rathausmarkt 2, S1/3 und U3
☎ (040) 360 99 60
www.buceriuskunstforum.de
Tägl. 11–19, Do bis 21 Uhr
Eintritt € 8, Mo € 5, bis 18 J. frei
Das nach seinem Stifter, dem Verleger und Hamburger Ehrenbürger Gerd Bucerius, benannte Museum zeigt unmittelbar neben dem Rathaus wechselnde hochklassige Kunstausstellungen.

Deichtorhallen ➡ aD/aE7
Deichtorstr. 1
U1: Steinstraße, S-Bahn: Hauptbahnhof
☎ (040) 32 10 30
www.deichtorhallen.de
Tägl. außer Mo 11–18 Uhr
Eintritt € 9/6 je Haus (Kunst/Fotografie)
Wechselausstellungen zur aktuellen Kunst und zur Fotografie.

Deutsches Maler- und Lackierermuseum ➡ cD4
Billwerder Billdeich 72
U2: Billstedt, dann Bus 330
☎ (040) 733 87 06
www.malermuseum.de
Feb.–Nov. Sa/So 14–17 Uhr
Eintritt € 4
Das von der Hamburger Malerinnung betreute kleine Museum im Vorort Billwerder zeigt die Geschichte dieses Handwerks. Die Sammlung befindet sich in einem schön renovierten alten Glockenhaus.

Deutsches Zollmuseum ➡ aE5
Alter Wandrahm 16
U1: Meßberg
✆ (040) 428 20 39 11, www.zoll.de
Tägl. außer Mo 10–17 Uhr
Eintritt € 2, unter 18 J. frei
Die Sammlung in der Speicher-
stadt ist der Geschichte des Zolls
gewidmet.

Dialog im Dunkeln ➡ aE5
Alter Wandrahm 4
Bus 3: Marco-Polo-Terrassen
✆ (040) 309 63 40
www.dialog-im-dunkeln.de
Di–Fr 9–17, Sa 10–20, So 11–19 Uhr
Eintritt mit Führung ab € 15/7,50
Die ungewöhnliche Ausstellung
soll Sehenden die Welt der Blinden erschließen, sie liegt in voller
Dunkelheit und kann nur mit Führung eines Blinden »besichtigt«
werden. Ein Restaurant ermöglicht auch Dinner im Dunkeln.

Ernst-Barlach-Haus ➡ cC2
Jenischpark
Baron-Voght-Str. 50a
S1/11: Klein-Flottbek, dann Bus 15
✆ (040) 82 60 85
www.barlach-haus.de
Tägl. außer Mo 11–18 Uhr
Eintritt € 6/4

Das Haus präsentiert Plastiken,
Zeichnungen und Dokumente aus
dem Leben des Künstlers

**Geologisch-Paläontologisches
Museum der Universität** ➡ F8
Bundesstr. 55
U2: Schlump, dann Bus 4
✆ (040) 428 38 49 99
www.uni-hamburg.de/geol_pal/
Mo–Fr 9–18 Uhr
Eintritt frei
Fossilien stehen im Mittelpunkt
dieser erdgeschichtlichen Samm-
lung. Das **Zoologische Museum**
➡ F9 der Universität ist am Martin-
Luther-King-Platz 3 zu besichti-
gen (Metrobus 4, 5: Grindelhof,
✆ 040-428 38 22 76, www.uni-
hamburg.de/biologie, tägl. außer
Mo 10–17 Uhr, Eintritt frei).

Hafenmuseum ➡ cD3
Australiastr., Schuppen 50a
S3/31: Veddel/Ballinstadt, dann
Bus 256
✆ (040) 73 09 11 84
www.hafenmuseum-hamburg.de
Tägl. außer Mo 10–18 Uhr
Eintritt € 5, unter 18 J. frei
Historische Schiffe und Krane,
ein Kramladen und eine Kaffee-
klappe gehören in der einstigen

*Der Kuppelbau der Hamburger Kunsthalle zwischen Alster und Haupt-
bahnhof*

Lagerhalle und nebenan am Pier zu den Attraktionen des etwas abseits gelegenen Museums. Es ist auch mit der Maritime Circle Line zu erreichen.

9 Hamburger Kunsthalle
→ aB/aC6
Glockengießerwall 1
U-/S-Bahn: Hauptbahnhof
✆ (040) 428 13 12 00
www.hamburger-kunsthalle.de
Tägl. außer Mo 10–18, Do bis 21 Uhr
Eintritt € 12, unter 18 J. frei
Das 1817 entstandene Museum gilt als eine der bedeutendsten deutschen Sammlungen für Malerei und Plastik aus allen Epochen. Sie zeigt aber auch wichtige Werke internationaler Maler wie Rembrandt, Tiepolo, Goya oder der französischen Impressionisten.

Der von außen wenig ansehnliche Neubau von Oswald Mathias Ungers birgt die **Galerie der Gegenwart** mit Meisterwerken der Pop-Art, mit Installationen, Fotografien und Werken von Baselitz und Zeitgenossen.

Hamburger Museum für Archäologie/Helms-Museum
→ cE3
Museumsplatz 2 (Harburg)
S3: Harburg Rathaus
✆ (040) 428 13 21 00
www.archaeologisches-museum-hamburg.de
Tägl. außer Mo 10–17 Uhr
Eintritt € 6, unter 18 J. frei
Die Sammlung zur Vor- und Frühgeschichte ist nach ihrem Gründer, einem Kaufmann, benannt. Besonderer Beliebtheit erfreut sich das **Freilichtmuseum** am Kiekeberg in Rosengarten mit norddeutschen Bauernhäusern aus den letzten drei Jahrhunderten.

hamburgmuseum → aD1
Holstenwall 24, Bus 112
✆ (040) 42 8132 23 80
www.hamburgmuseum.de
Di–Sa 10–17, So 10–18 Uhr

Exponate von Weltrang präsentiert die Hamburger Kunsthalle mit den Gemälden der deutschen Romantiker: Philipp Otto Runges »Hülsenbeckesche Kinder« (1805–10)

Eintritt € 8, unter 18 J. frei
Das Museum in der Anlage am Holstenwall, eine Station im beschriebenen Rundgang, zeigt und sammelt alles, was mit Hamburgs Historie zu tun hat, vor allem architektonische Relikte, die nach dem großen Brand von 1842 gerettet werden konnten. Ein Schwerpunkt liegt auf den Themen Hafen und Schifffahrt.

Europas größte Modelleisenbahn-Anlage in der Spur 1 wird tägl. außer Mo 11, 12, 14 und 15, So auch 15 und 16 Uhr in Betrieb gesetzt. Das Programm dauert 25 Minuten.

HSV-Museum
Vgl. S. 40.

Internationales Maritimes Museum → aF5
Koreastr. 1
U1: Meßberg, Bus 3
✆ (040) 300 92 30-0
www.internationales-maritimes-museum.de
Tägl. außer Mo 10–18 Uhr
Eintritt € 12/9
Die größte private Seefahrtssammlung hat im historischen Hafenspeicher ein passendes Haus gefunden.

Das 2008 eröffnete Museum beherbergt auf zehn Stockwerken mehr als 40 000 Exponate – darunter eine Viel-

Der Dreimaster »Wappen von Hamburg III« im Internationalen Maritimen Museum

zahl von Schiffsmodellen, über 100 000 Bücher und weit mehr als eine Million Fotos.

Jenisch Haus ➡ cC2
Baron-Voght-Str. 50
S11: Klein-Flottbek
℡ (040) 82 87 90
www.altonaermuseum.de/jenisch_haus, tägl. außer Mo 11–18 Uhr
Eintritt € 5, unter 18 J. frei
Der ehemalige Landsitz des Senators Martin Johan von Jenisch an der Elbchaussee zeigt wechselnde Ausstellungen zu Themen aus Kunst und Kultur.

Johannes-Brahms-Museum
➡ aD2

Navigationsgeräte von gestern und heute zeigt das Internationale Maritime Museum

Peterstr. 39
Bus 112: Handwerkskammer
℡ (040) 41 91 30 86
www.brahms-hamburg.de
Tägl. außer Mo 10–17 Uhr
Eintritt € 4/2
Die kleine Sammlung ehrt den großen, 1833 in Hamburg geborenen Komponisten Johannes Brahms.

KL!CK Kindermuseum
Vgl. S. 72.

Krameramtsstuben ➡ aD2
Krayenkamp 10, am »Michel«
U3: Rödingsmarkt, S-Bahn: Stadthausbrücke
℡ (040) 36 58 00 88
www.hamburgmuseum.de
www.krameramtsstuben.de
Tägl. ab 10 Uhr, Museum außer Mo 10–17 Uhr, im Winter nur Sa/So
Eintritt Museum € 2/1,50
Die einstigen Wohnungen der Krämerwitwen, erbaut 1676, dienen teilweise noch heute als Wohnungen.
  In dem kleinen Komplex neben dem »Michel«, der tagsüber zugänglich ist, sind Geschäfte und ein Restaurant untergebracht. Im

Haus C hat das **hamburgmuseum** eine typische Witwenwohnung eingerichtet.

KZ-Gedenkstätte Neuengamme
➡ cE5
Jean-Dolidier-Weg 75
S2/21: Bergedorf, dann Bus 227/327
℡ (040) 428 13 15 00
www.kz-gedenkstaette-neuen gamme.de
Mo–Fr 9.30–16, Sa/So Okt.–März 12–17, April–Sept. 12–19 Uhr, Eintritt frei
Ausstellung zur Geschichte des Konzentrationslagers; Rundweg und Mahnmal.

Meßmer Momentum ➡ aF4
Am Kaiserkai 10
Bus 3/5/6: Magellan-Terrassen
℡ (040) 73 67 90 00
www.messmer-momentum.de
Tägl. 11–20 Uhr
Eintritt frei
Teemuseum und Teeladen. Man kann den Experten für Teemischungen bei der Arbeit zusehen. Die Teestube – mit Terrasse zum Hafen – serviert auch kleine Gerichte und andere Getränke.

Mineralogisches Museum ➡ F9
Grindelallee 48
Bus 5: Grindelhof
℡ (040) 428 38 20 58
www.uni-hamburg.de
So 10–17, Mi 15–18 Uhr
Eintritt frei
Museum der Universität. Erze, Kristalle, Edelsteine und Meteoriten, z. T. raffiniert beleuchtet.

Museum der Arbeit ➡ cC4
Wiesendamm 3
U3, S1: Barmbeck
℡ (040) 428 13 30
www.museum-der-arbeit.de
Mo 13–21, Di–Sa 10–17, So 10–18 Uhr
Eintritt € 6/4
Die Sammlung zur Geschichte der Industriearbeit ist passend in einer ehemaligen Gummiwaren-

Das hölzerne Christkind (um 1500) ist im Museum für Kunst und Gewerbe zu sehen

fabrik untergebracht. Das Museum unterhält Außenstellen in der Speicherstadt und im Hafen, wo das Hafenmuseum seinen Platz fand.

Das Museum organisiert auch thematische Führungen in der Stadt. April–Oktober Anfahrt mit historischer Barkasse möglich (www.alstertouristik.de/museum.php).

Museum für Bergedorf und Vierlande ➡ cD5
Bergedorfer Schloss
S21: Bergedorf
℡ (040) 428 91 25 09
www.bergedorfmuseum.de
Di–Do 11–17, Sa/So 11–18, Nov.–März Di–Do 12–16, Sa/So 11–17 Uhr
Eintritt € 5, unter 18 J. frei
Das Heimatmuseum für Bergedorf und die bäuerliche Kultur der Vierlande ist in einem schmucken Ziegelsteinschloss untergebracht. Seine ältesten Teile stammen aus dem 13. Jh., damals umgab noch ein Wassergraben die Heimstatt der Herzöge von Lauenburg.

In regelmäßigen Abständen finden Sonderausstellungen und musikalische Veranstaltungen statt.

Museumshafen Övelgönne am Nordrand von Altona

Museum für Kunst und Gewerbe → aC/aD7
Steintorplatz 1
U3: Hauptbahnhof Süd
℅ (040) 428 13 48 80
www.mkg-hamburg.de
Tägl. außer Mo 10–18, Do bis 21 Uhr
Eintritt € 10, unter 18 J. frei
Die Sammlungen zeigen Kunsthandwerk und Kunst aus allen Epochen und aus vielen Regionen, etwa aus China, Japan und der arabischen Welt. Besonderheiten sind die Kollektionen zur Fotografie und zur Pädagogik.

Schatz der Anden im Museum für Völkerkunde: Zeremonialgefäß (100–700 n. Chr.; Foto Mitte) der Mochica-Kultur

Museum für Völkerkunde
→ F10
Rothenbaumchaussee 64
U1, Bus 115: Hallerstraße
℅ (040) 428 87 90
www.voelkerkundemuseum.com
Tägl. außer Mo 10–18, Do bis 21 Uhr
Eintritt € 7, unter 18 J. frei
Der große Bau unweit des Dammtorbahnhofs ging aus den schon immer weltweiten Interessen Hamburger Kaufleute hervor. Ihre Abgesandten brachten bereits früh wertvolle ethnologische Sammelstücke aus aller Welt mit. Besonders sehenswert: die Exponate aus Schwarzafrika und der Südsee.

Museumsdorf Volksdorf
→ cB5
Im Alten Dorfe 46–48
U1: Volksdorf
℅ (040) 603 90 98
www.museumsdorf-volksdorf.de
Tägl. außer Mo 9–17 Uhr
Eintritt frei
Schwerpunkt des Freilichtmuseums sind landwirtschaftliche Arbeiten, z.B. Wolle- und Milchverwertung oder Obstanbau.

Museumshafen Övelgönne
→ K2
Övelgönne, Neumühlen
Bus 112, Fähre 62
℅ (040) 41 91 27 61
www.museumshafen-oevelgoenne.de
Im Hafen sind fahrtüchtige Schiffsveteranen vertäut, u. a. ein Feuerschiff und ein Dampfschlepper. Der Hafen bleibt tagsüber gratis geöffnet, zu wechselnden Zeiten dürfen auch die Schiffe inspiziert werden, mit **Museumshafen-Café**; Mitfahrgelegenheit.

Museumsschiff »Cap San Diego«
→ aF1
Überseebrücke
U-/S-Bahn: Landungsbrücken
℅ (040) 36 42 09

Als schwimmendes Wahrzeichen Hamburgs erinnert das Museumsschiff »Rickmer Rickmers« an die Zeiten der großen Windjammer

www.capsandiego.de
Tägl. 10–18 Uhr, Eintritt € 7/4
Dieses schöne weiße Schiff stach 1962 erstmals in See, heute kündet es von einer Zeit, in der Handelsschiffe noch nicht wie Container-Plattformen aussahen.

Auf dem Schiff kann man übernachten und bisweilen mitfahren.

Museumsschiff »Rickmer Rickmers« ⮕ aE1
Landungsbrücken
U-/S-Bahn: Landungsbrücken
℡ (040) 319 59 59
www.rickmer-rickmers.de
Tägl. 10–18 Uhr
Eintritt € 4/3,50
Die Masten des Dreimasters von 1896 ragen bis 53 m in den Himmel. Bis zu 3500 m² Segelfläche kann aufgezogen werden. An Bord gibt es ein Restaurant.

Panoptikum ⮕ J7
Spielbudenplatz 3
S1/3: Reeperbahn
℡ (040) 31 03 17
www.panoptikum.de
Mo–Fr 11–21, Sa 11–24, So 10–21 Uhr, Eintritt € 5,50/3,50
Das älteste Wachsfigurenkabinett Deutschlands zeigt seit 130 Jahren über 120 Personen aus Geschichte, Kultur und Wissenschaft. Zu den beliebtesten Figuren gehören die jungen Beatles, die hier in St. Pauli ihre Weltkarriere starteten.

Prototyp – Personen.Kraft. Wagen ⮕ aF6
Lohseplatz 1
U1: Meßberg
℡ (040) 39 99 69 68
www.prototyp-hamburg.de
Di–So 10–18 Uhr
Eintritt € 9/4,50
Die Sammlung in der HafenCity zeigt zahlreiche automobile Raritäten, darunter auch Rennwagen Marke Eigenbau, allerdings nicht nur Prototypen.

Puppenmuseum Falkenstein
Vgl. S. 73.

Rieck Haus ⮕ cE5
Curslacker Deich 84, Bergedorf
S21: Bergedorf, dann Bus 327
℡ (040) 723 12 23
www.altonaermuseum.de
Di–So 10–17, im Winter bis 16 Uhr, Weihnachten und Neujahr geschl.
Eintritt € 3, unter 18 J. frei
Niederdeutsches Fachhallenhaus mit Scheune, Bauerngarten und typischer Inneneinrichtung.

Speicherstadtmuseum ➡ aE5
Am Sandtorkai 36
U3: Baumwall
℗ (040) 32 11 91
www.speicherstadtmuseum.de
April–Okt. Mo–Fr 10–17, Sa/So 10–18, Nov–März Di–So 10–17 Uhr
Eintritt € 3,60/2,50
In einem über 100 Jahre alten Speicherhaus informiert die Außenstelle des Museums der Arbeit unter anderem über den Kaffee- und Teehandel, der Hamburg wohlhabend gemacht hat. Das Museum veranstaltet regelmäßig Tee- und Kaffeeverkostungen sowie Krimi-Nächte mit Autorenlesungen.

Spicy's Gewürzmuseum ➡ aF4
Am Sandtorkai 34
U3: Baumwall
℗ (040) 36 79 89
www.spicys.de
Tägl. außer Mo 10–17 Uhr, Juli–Okt. auch Mo
Eintritt € 3,50/1,50 (inkl. Gewürzprobe/Gummibärchen)
Das Museum zeigt Anbau, Herstellung und Geschichte der Gewürze sowie auch die Bedeutung des Gewürzhandels für den Hamburger Hafen. Regelmäßig gibt es Sonderausstellungen.

Architektur und andere Sehenswürdigkeiten

Alster ➡ A–H10–12
Die beiden Stauseen der Alster gehören zu den »Wertsachen« der Stadt. Entlang der etwa 18 ha großen Binnenalster stehen vornehmlich repräsentative Verwaltungsbauten. Die 160 ha große Außenalster ist fast völlig von einem Grüngürtel umgeben. An der Außenalster kann man Segelboote mieten. Am Anleger Jungfernstieg gehen die »Alsterdampfer« zu den Fleet- und Kanalfahrten ab.

Altona ➡ J4–6
Der dank seiner Hafennähe und der Reeperbahn bekannte Stadtteil war von 1640 bis 1867 dänisch und bis 1937 eigenständig. Der Kern Altonas liegt abseits der Vergnügungsviertel am Bahnhof, wo die meisten Züge nach Norden abgehen.
Unweit des Bahnhofs und nahe beim wilhelminischen Rathaus von Altona steht, seitlich etwas abgesetzt, die barocke **Christianskirche** von 1738. Auf ihrem Kirchhof liegt das Grab des Dichters Friedrich Gottlieb Klopstock (1724–1803).

Wie ein Schiffsbug ragt das parallelogrammförmige Bürogebäude Dockland (2006) bei Altona in die Elbe

Bischofsturm ➡ aD5
Speersort 10
U3: Rathaus
℡ (040) 428 71 36 09
www.helmsmuseum.de
Mo–Fr 7–19, Sa 7–18 Uhr
Integriert in einen Bäckerei-Imbiss
sind die freigelegten Fundamente
eines Steinturms zu besichtigen,
die zum Haus des Erzbischofs
Bezelin-Alebrand gehörten. Der
Turm wurde etwa 1040 neben der
Hammaburg, der Keimzelle Ham-
burgs, errichtet.

Börse ➡ aD4
Adolphsplatz (Rückseite des Rathauses)
U3: Rathaus
Führungen nur für Gruppen
Info ℡ (040) 361 30 20
Die älteste Börse in Deutschland
und Nordeuropa entstand 1558.
Das heutige Gebäude an der
Rückseite des Rathauses wurde
1839 gebaut und mehrfach erweitert. Der Uhrturm stammt von
1912. Der nur noch per Computer abgewickelte Börsenhandel
ist umgezogen in die Kleine Johannisstr. 4. Das Börsengebäude
kann während der Öffnungszeiten der Handelskammer besucht
werden.

*Ein »Schiffsbug« aus Klinker:
das expressionistische Chilehaus
(1924) im Kontorhausviertel*

10 Chilehaus ➡ aD6
Kontorhausviertel zwischen
Stein- und Ost-West-Straße
U1: Steinstraße
Wie ein hochaufragender Schiffs-
bug aus Klinkersteinen wirkt das
Kontorhaus an der Kreuzung
Burchardstraße/Pumpen, das der
Architekt Fritz Höger 1924 schuf.
Bauherr war der Reeder Henry
Sloman, der mit Salpeter aus Chile
reich geworden war.

*Die Deichstraße vom Nikolaifleet aus gesehen: ein Ensemble alter
Hamburger Bürgerarchitektur*

Sollte man sich nicht entgehen lassen: einen Happen geräucherten Aal vom St.-Pauli-Fischmarkt

Deichstraße ➡ aE3/4
Zwischen Ost-West-Straße und Hohe Brücke
U3: Rödingsmarkt
Trotz des großen Brandes von 1842 haben sich hier noch Ensembles alter Hamburger Bürgerarchitektur erhalten. An der Fleetseite tragen sie Fachwerk, an der Straßenseite steinerne Zierfassaden. In einigen Häusern sind Restaurants untergebracht.

Elbchaussee ➡ K1–4
Die Hamburger Villenadresse bietet auf der einen Seite freie Sicht auf den Strom, dies sind die teuersten Wohngrundstücke der Stadt. Kaum eines der Häuser ist von der Straße her zu sehen. Auf Höhe des Fährhauses Teufelsbrücke liegt der **Jenischpark**.

Eppendorf ➡ B–D8–10
Das Viertel bei den U-Bahn-Stationen Klosterstern und Eppendorfer Baum ist charakterisiert durch alte Gründerzeit-Häuser mit stuckverzierten Wohnungen. In dem Viertel mit hohem Wohnwert sind viele Angehörige der Medienszene zu Hause. Treffpunkt ist jeweils dienstags und freitags der Isemarkt in der gleichnamigen Straße, angeblich der größte Wochenmarkt der Nation.

❻ Fischmarkt ➡ K6
Große Elbstr. 9
Bus 112: Fischmarkt
April–Okt. So 5–9.30, Nov.–März So 7–9.30 Uhr
Der Fischmarkt unweit der Landungsbrücken diente einst zum Verkauf der frisch angelandeten Fänge, heute werden hauptsächlich Grünpflanzen, Obst und

Die Hansestadt von der Wasserseite: Kleine und große Pötte aus aller Welt werden an den Kais be- und entladen

andere Waren angeboten. Der Markt ist eines der beliebtesten Touristenspektakel Hamburgs und ein geschätzter Treff unter Samstagnacht-Schwärmern.

Friedhof Ohlsdorf → cC4
Busse 170 und 270
℘ (040) 59 38 80
www.friedhof-hamburg.de/Ohls dorf
Tägl. April–Okt. 8–21, Nov.–März 8–18 Uhr
Der größte Parkfriedhof der Welt wird von 17 km Fahrstraßen durchzogen. Bei der Friedhofsverwaltung erhält man Übersichtspläne für Spaziergänge durch die schöne Anlage mit alten Bäumen.

Großneumarkt → aD2
S1/3: Stadthausbrücke
Der zentrale Platz der Neustadt liegt zwischen Jungfernstieg und »Michel«. Er ist umgeben von Kneipen, auch die benachbarten schmalen Gassen des »Gängeviertels« bergen viele Kneipen, aus denen auch mal klassische Musik erschallt.

❸ Hafen → cD2–4
U-/S-Bahn: Landungsbrücken
www.hafen-hamburg.de
Gegen Ende des 12. Jh. erhielt Hamburg seinen Hafen an der Elbe. Er wurde, obwohl die offene See 100 km entfernt ist, zum größten Seehafen Deutschlands mit einer Gesamtfläche von etwa 100 km². Hamburgs Hafen kann gleichzeitig mehr als 30 Hochseeschiffe und ebenso viele Binnenschiffe be- oder entladen. Der architektonisch schönste Teil ist die aus Klinkern erbaute **Speicherstadt**, die 1888 als Zollfreihafen gebaut wurde.

Ob in einer Barkasse oder auf einem größeren Schiff, eine **Hafenrundfahrt** lässt sich kaum ein Besucher entgehen. Mindestens anderthalb Stunden sollte die Tour dauern und vorbeiführen an der HafenCity, den Werften, dem

Elefanten sorgen am Eingang zum Tierpark Hagenbeck für »Erleuchtung«

Container-Terminal Altenwerder, dem Waltershofer Hafen mit den Großschiffen und Övelgönne, bei passender Tide sollte auch ein Abstecher in die Speicherstadt dabei sein.

HafenCity Infocenter → aF4
Am Sandtorkai 30
U1: Meßberg, U3: Baumwall
Bus 111: Am Sandtorkai
℘ (040) 36 90 17 99
www.hafencity.com
Tägl. außer Mo 10–18, Mai–Sept. Do bis 20 Uhr, Eintritt frei
Das Informationszentrum im ehemaligen Kesselhaus der Speicherstadt zeigt in Modellen und auf »Wissenstationen«, wie sich dieser Teil der Stadt verändert, aber auch, wie sich andere Hafenstädte entwickeln. Es organisiert Touren über die Baustelle und hat ein Café.

Hagenbecks Tierpark
→ A/B4/5
Lokstedter Grenzstr. 2 (Stellingen)
U2: Hagenbecks Tierpark
℘ (040) 530 03 30
www.hagenbeck.de
Tägl. Juli/Aug. 9–19, März–Juni, Sept./Okt. bis 18, Nov.–Feb. bis 16.30 Uhr, Eintritt € 20/15, mit Aquarium € 30/21
Deutschlands bekanntester Zoo entstand, als der Fischhändler Hagenbeck 1848 einige Seehunde auf dem Fischmarkt ausstellte. Aus diesem Geschäft erwuchs der Tierpark, der 1907 in Stellingen erbaut wurde und immer noch

Abendstimmung an den Landungsbrücken und im Hamburger Hafen

von der Familie Hagenbeck geführt wird. Neben den »Dschungelnächten« im Juni werden im August auch »Romantiknächte« im Zoo angeboten.

Hamburg Dungeon
Vgl. S. 72.

Hamburgische Staatsoper
Vgl. S. 62.

Harrys Hamburger Hafenbasar
➡ J7
Erichstr. 56 (Ecke Balduinstraße)
S1/3: Reeperbahn
✆ (0171) 496 61 69
www.hafenbasar.de
Tägl. 14–17 Uhr
Eine einzigartige Ansammlung von »Kunst, Kitsch und Kuriositäten«, hervorgegangen aus einer Seemannssammlung. Wegen der vielen »Sehleute« verlangt das mitten im Rotlichtdistrikt gelegene Geschäft ein Eintrittsgeld von € 4 (Kinder € 2). Bei einem Kauf über € 10 wird das Eintrittsgeld angerechnet.

Imtech Arena ➡ C1
Volkspark, Sylvesterallee 7
S3/21: Stellingen, von dort gut 1 km Fußweg

Bei Spielen und Veranstaltungen gibt es einen kostenlosen Shuttlebus
www.imtech-arena.de
Hamburgs »5-Sterne-Stadion« wurde 2000 nach völligem Umbau des Volksparkstadions eröffnet. Es bietet 50 000 überdachte Plätze für die Fans des HSV, anderer Fußballteams und der »Hamburg Sea Devils« (American Football). Die Imtech Arena beherbergt auch das **HSV-Museum** und wird für Kongresse, Messen und Konzerte genutzt:

HSV-Museum
✆ (040) 41 55 15 50
Tägl. 10–18 Uhr, bei Heimspielen Einschränkungen
Stadion-Führung € 8, Museum € 6, Kombiticket € 10
Sammlung zur Geschichte des Vereins und des Sports in Hamburg. Das Museum organisiert auch fußballhistorische Stadtrundfahrten und Stadionführungen durch die Imtech Arena.

In der Nähe des Stadions liegt die **O₂ World Hamburg Arena**. Der völlig überdachte Bau mit 16 000 Sitzen dient in erster Linie den Eishockey- und Handball-Teams, er wird aber auch für Konzerte und

andere Veranstaltungen genutzt (www.o2world-hamburg.de).

Köhlbrandbrücke → cD3

S3: Wilhelmsburg, dann Bus 152 Nippoldstraße

Die 1974 dem Verkehr übergebene Autobrücke über den Elbarm Köhlbrand erlaubt mit einer Durchfahrtshöhe von gut 50 m auch Großschiffen die Passage. Weithin sichtbar sind die beiden 130 m hohen Pylone. Die Brücke muss in einigen Jahren durch ein höheres Bauwerk oder einen Tunnel ersetzt werden, da die Durchfahrtshöhe für künftige Containerschiffe nicht mehr ausreicht.

Landungsbrücken → K7/8

Bei den St.-Pauli-Landungsbrücke U-/S-Bahn: Landungsbrücken

Das rund 200 m lange Gebäude wurde 1909 in Betrieb genommen. Vor ihm schwimmen Pontons, an denen die Passagierschiffe festmachen. Etwas weiter stadteinwärts liegen die Pontons der Überseebrücke, die ebenfalls für Passagierschiffe, Flottenbesuche u.ä. dienen. Bei den Landungsbrücken liegen die Museumsschiffe »Rickmer Rickmers« und »Cap San Diego«. Stadtauswärts geht es neben den Landungsbrücken hinunter zum

Akkordeontöne bei den »Hamburg Cruise Days«

Alten Elbtunnel von 1911, Fußgänger und Radfahrer können den Tunnel gratis benutzen.

Lombardsbrücke → aB5

U1: Stephansplatz

Die citynähere der beiden Brücken zwischen Binnen- und Außenalster bietet mit ihren Kugelkandelabern den unter Fotografen beliebtesten Blickwinkel auf die Innenstadt.

Miniatur-Wunderland → aF4

Kehrwieder 2–4, Block D
U3: Baumwall
℡ (040) 30 06 00-0
www.miniatur-wunderland.de
Kernöffnungszeit 9.30–18 Uhr, Sa/So und in den Ferien länger
Eintritt € 12/6

In der Speicherstadt ist eine der größten Modellbahnanlagen der Welt entstanden, die zahllose

---

Bella Italia ganz klein

Man kann nicht alle Tage zuschauen, wie ein neues Land entsteht. Doch, kann man, zumindest in Hamburg. Im **Miniatur-Wunderland**, der weltgrößten Modelleisenbahnanlage. Und die wird immer größer. 2013 begannen die Arbeiten für das neue »Land« Italien, die Bauarbeiten finden unter aller Augen bei laufendem Betrieb statt. Bald werden Frankreich und Großbritannien folgen. Danach wollen die Modellbauer sich dem – nach Amerika – zweiten Überseegebiet zuwenden, vielleicht Afrika, vielleicht aber auch Indien. Kein Wunder, dass immer mehr Touristen herbeieilen: 2012, im 10. Jahr des »MiWuLa« wurde der zehnmillionste Besucher begrüßt. Zur Faszination der Anlage gehört es, dass nicht nur Züge, sondern auch Autos, Schiffe und Flugzeuge artgerecht unterwegs sind. Und selbst die maßstabgetreue Kuh wechselt beim Kuhfladen-Bingo ihre Plätze.

pfiffige Details bietet. So fahren beispielsweise computergesteuerte Fahrzeuge scheinbar gänzlich selbstständig umher. Entsprechend groß ist der Andrang, deswegen empfiehlt sich fürs Wochenende eine Reservierung via Website.

Neuer Wall ⇒ aC4–aD3
U-Bahn: Rathaus
In der Straße zwischen Rathaus und Gänsemarkt kauft der Hanseat das, was er »gediegen« nennt: erstklassige Damenbekleidung, bestes Tuch für Herren sowie für Möbel der oberen Kategorie. In den letzten Jahren werden hier auch zunehmend die internationalen Nobelmarken heimisch.

Neuwerk
Insel 100 km nordwestlich von Hamburg
Die an der Elbmündung im Nordseewatt gelegene Insel ist fast 3 km² groß und gehört zum Hamburger Staatsgebiet. Neuwerks Hauptattraktion ist der 35 m hohe Wehrturm, der 1814 zum Leuchtturm umgebaut wurde. Von dem

Mit dem Film »Große Freiheit Nr. 7« (1945 Erstaufführung in Berlin) trat die von Hans Albers besungene Seefahrerromantik ihren Zug um die Welt an

Nachfolger eines Bollwerks aus dem 14. Jh. hat man einen schönen Blick über die Fahrrinne im Watt und die benachbarte Vogelinsel Scharhörn. Auf Neuwerk gibt es auch einen »Friedhof der Namenlosen«, auf dem im Watt angeschwemmte Leichen bestattet wurden.

Neuwerk ist von Cuxhaven aus entweder per Boot oder bei Ebbe mit dem Pferdewagen durch das Watt zu erreichen. Wattwanderer müssen sich vor der 12 km langen Wanderung nach den Flutzeiten erkundigen.

Övelgönne ⇒ K1/2
In der Häuserzeile nahe dem Elbufer, am Südrand von Altona, wohnten früher die Elblotsen. Heute sind in einigen Häusern Restaurants untergekommen. Der einstige Lotsenhafen ist heute der **Museumshafen Övelgönne** (vgl. S. 34). Der Fußweg durch Övelgönne ist der meistbegangene Abschnitt des Elbwanderwegs, der in der City beginnt und durch Blankenese bis zur Elbmündung führt.

Peterstraße ⇒ aC/aD1/2
Bus 112: Handwerkskammer
Die kleine Straße zwischen Holstenwall und Neanderstraße ist mit ihren restaurierten Bauten und historischen Nachbauten eine beliebte Kulisse für Filmproduktionen.

Planetarium ⇒ A12
Hindenburgstr. 1, im Stadtpark
U3: Borgweg, Busse 118, 20, Metrobus 6
✆ (040) 428 86 52-0
www.planetarium-hamburg.de
Kernöffnungszeit 9–17, meist bis 21 Uhr
Eintritt € 9,50/6
Der massige, 60 m hohe Wasserturm aus Backsteinen, erbaut 1912 von Fritz Schumacher, dient heute der künstlichen Sternen-

schau. Das Planetarium zeigt auf seiner Projektionskuppel, mit einem Durchmesser von 20,6 m die größte in Europa, ein vielfältiges astronomisches Programm sowie Ausstellungen zur Himmelskunde und zur Raumfahrt. Der mit einem Aufzug versehene Turm erlaubt von seiner Plattform aus einen schönen Blick über den Stadtpark und seine Umgebung.

Pöseldorf ➡ E10/11
Bus 109: Böttgerstraße
Dieser Teil von Harvestehude, gelegen zwischen Mittelweg und Außenalster, hat wegen seiner idyllischen kleinen Straßen viele Restaurantwirte und Boutiquebesitzer angezogen (Jil Sander begann hier ihre Karriere). Pöseldorf ist ein unterhaltsames Schicki-Micki-Quartier mit abbröckelndem Ruhm.

Fernöstliche Atmosphäre vor dem Hamburger Rathaus: chinesischer Markt mit chinesischem Kunsthandwerk und traditionellen Gerichten

❶ Rathaus und Rathausturm
➡ aD4
Rathausmarkt, U3: Rathaus
✆ (040) 428 31 20 64
www.hamburgische-buerger
schaft.de
Führungen halbstündlich Mo–Do10–15, Fr 10–13, Sa 10–17, So 10–16 Uhr, sofern die Räume nicht benutzt werden; Info-Ansagen unter ✆ (040) 428 31 24 70, Eintritt € 4, bis 14 J. frei
Der Regierungssitz des Stadtstaates, Ausgangspunkt des beschriebenen Rundgangs, hat weit mehr als 600 Räume und ruht wegen des schlammigen Bodens auf mehr als 4000 Pfählen. Obwohl erst gut 100 Jahre alt, ist es eines der bedeutendsten Bauwerke des deutschen Historismus. Der 112 m hohe Turm prägt die Silhouette der Stadt.

❼ Reeperbahn ➡ J7/8
U3: St. Pauli, S1/3: Reeperbahn
Die Straße in St. Pauli (Teil von Altona), auf der einst Schiffstaue (Reeps) gedreht wurden,

ist heute die Hauptader eines Vergnügungs- und Rotlichtviertels. Zentren sind der Spielbudenplatz, der Hans-Albers-Platz, die Große Freiheit und die Herbertstraße – die mit Sichtblenden abgetrennte Bordellstraße sollte von Touristinnen nicht betreten werden. Fernsehbekannt ist die Polizeistation **Davidwache** an der Reeperbahn.

St. Georg ➡ H/J11–13
U-Bahn: Hauptbahnhof Nord
Der Stadtteil hat es nicht immer leicht gehabt: Seinen Namen bekam er von einem Hospital, das um 1200 für Leprakranke erbaut wurde, auch der Hamburger Galgen stand im 16. Jh. in diesem Stadtteil. Heute ist das Gebiet zwischen Hauptbahnhof und Außenalster Hamburgs zweites großes Rotlichtviertel, die meisten Etablissements finden sich am Steindamm und in seinen Nebengassen. Das Bahnhofsvorfeld an der Kirchenallee und der Hansaplatz sind berüchtigt für ihre Drogenszene.

St. Jacobi ➡ J11
Jacobikirchhof, Steinstraße
U3: Mönckebergstraße
✆ (040) 30 37 37-0
www.jacobus.de
Mo–Sa 10–17, im Winter 11–17 Uhr
Die Kirche entstand um die Mitte des 13. Jh., wurde aber zu allen Zeiten aus- und umgebaut. Die Spitze des 125 m hohen Turms wurde nach den Kriegsschäden in moderner Form 1962 wiedererrichtet. Das Schmuckstück von St. Jacobi ist die Arp-Schnitger-Orgel von 1691, auf der auch Johann Sebastian Bach spielte. Mit über 4000 Pfeifen ist sie die größte erhaltene Barockorgel im nordeuropäischen Raum. Beachtenswert sind ferner die Altäre aus dem 15. und 16. Jh. sowie die Kanzel aus Marmor und Alabaster.

St. Katharinen ➡ K10
Katharinenkirchhof, Am Zollkanal
U1: Meßberg
✆ (040) 30 37 47 30
www.katharinen-hamburg.de
Die Hauptkirche von Hamburg mit ihrem 115 m hohen Turm steht zwischen City und Hafen, sie entstand im 14. Jh. in Klinkerbauweise und bekam im 18. Jh. eine Barockfassade hinzu. Das Innere der im Krieg ausgebrannten Kirche ist überwiegend modern aus-

Abendliches Konzert in Hamburgs Hauptkirche St. Michaelis

gestattet. Im Vorraum der Kirche erinnert eine Gedenktafel an die Menschen, die 1957 beim Untergang des Segelschiffs »Pamir« zu Tode kamen.

❹ St. Michaelis/»Michel« ➡ aD2
Englische Planke 1a
U3: Baumwall
S1/3: Stadthausbrücke
✆ (040) 37 67 80
www.st-michaelis.de
Kirche und Turm tägl. 9–20, Nov.–April 9–18 Uhr, während der Gottesdienste keine Besichtigung der Kirche, Nachtöffnung Turm siehe Website
Eintritt: Turm € 5/3,50, Krypta und Multivision € 4/2,50, Kombiticket € 7/4
St. Michaelis auf dem Geesthügel am Hafen ist als eine der fünf Hamburger Hauptkirchen mit ihrem markanten Säulenturm zum Wahrzeichen der Hansestadt geworden. Sie gilt als eine der schönsten nordischen Barockkirchen. In ihrer jetzigen Form wurde sie 1762 eingeweiht.

Vom Turm herab hat man einen prächtigen Blick über die Stadt und den Hafen. Wie einst ist täglich ein Turmbläser zur Stelle: 10 und 21, sonntags nur 12 Uhr.

Die Turmuhr ist mit 8 m Durchmesser die größte Deutschlands. Im Turm wird auch eine Multivisionsschau zur Geschichte Hamburgs gezeigt. Der »Michel« ist nicht nur eine der bekanntesten Sehenswürdigkeiten, sondern auch eine beliebte Aufführungsstätte für sakrale Musik.

St.-Nikolai-Turm ➡ J10
Willi-Brandt-Straße, Hopfenmarkt
U-Bahn: Rödingsmarkt
S-Bahn: Stadthausbrücke
www.mahnmal-st-nikolai.de
Tägl. 10–17, April–Sept. bis 20 Uhr
Eintritt € 3,70/2
Die Ruine ist ein Mahnmal für die 55 000 Menschen, die im Zweiten Weltkrieg in Hamburg

Die bekannteste Schiffsbegrüßungsanlage der Welt: das Willkomm-Höft am Wedeler Elbufer

umgekommen sind. Die Kirche wurde 1846–74 von dem Engländer George Gilbert Scott erbaut und 1943 von britischen Bombern zerstört. Mit 145 m ist der 1882 vollendete Kirchturm – nach dem des Ulmer Münsters (161 m) und dem Dom zu Köln (157 m) – der dritthöchste Deutschlands. Glaslift bis auf 76 m Höhe.

In der Krypta erinnert ein Museum an die Luftangriffe.

St. Petri ➡ J10/11
Mönckeberg-, Ecke Bergstr.
U-/S-Bahn: Jungfernstieg
✆ (040) 325 74 00
www.sankt-petri.de
Mo–Sa 10–17, So 11.30–17 Uhr
Die mehrschiffige gotische Backsteinkirche mitten in der Hamburger City steht auf den Grundmauern eines Gotteshauses aus dem 12. Jh. Das heutige Gebäude wurde im 19. Jh. nach mittelalterlichem Vorbild wieder aufgebaut. Hier finden häufig Konzerte mit geistlicher Musik statt. Der als Türgriff gearbeitete bronzene Löwenkopf am linken Hauptportalflügel stammt aus dem Jahr 1342 und ist das älteste Kunstwerk der Stadt. Eine Turmbesteigung ist möglich.

U-Boot »U-434« ➡ K6
Fischmarkt 10, St. Pauli

U3, S1/3: Landungsbrücken
✆ (040) 32 00 49 34
www.U-434.de
Mo–Sa 10–18, So 11–18 Uhr, im Sommer länger, Eintritt € 9/6
Das ehemalige russische Spionage-U-Boot ist das größte nicht-nukleare Tauchboot der Welt (90 m lang, 9 m breit, 14,60 m hoch). Im angeschlossenen Bistro gibt es Hamburger Snacks wie Backfisch und Fischbrötchen.

Willkomm-Höft ➡ cC1
Parnassstr. 29
22880 Wedel
S 1/11: Wedel, dann Bus 189
✆ (041 03) 920 00
www.schulauer-faehrhaus.de
Schiffsbegrüßung tägl. 10–18 Uhr, Restaurant 11–23 Uhr
Das **Schulauer Fährhaus**, schon im schleswig-holsteinischen Wedel gelegen, beherbergt Hamburgs Schiffsbegrüßungsanlage: Tagsüber begrüßen »Kapitäne«, engagierte und sachkundige Freiwillige aus verschiedenen Berufen, per Lautsprecher alle einlaufenden Schiffe auf der Elbe, meist in deren Landessprache und mit ihrer Nationalhymne, zugleich wird die jeweilige Flagge gehisst. Die Besucher des Ausflugslokals erfahren dann Näheres über das Schiff. ■

Übernachten

Seit sich die Hansestadt Mitte der 1980er Jahre als Deutschlands Musical-Metropole etablierte, steigen die Übernachtungszahlen schneller als sich Tarzan im gleichnamigen Musical auf die Bäume schwingt. 2012 verbrachten 5,6 Millionen Gäste 10,6 Millionen Nächte zwischen Alster und Elbe. Damit hat Hamburg Städte wie Mailand und Florenz oder Hauptstädte wie Stockholm, Lissabon oder Budapest weit hinter sich gelassen. Konkurrent München ist in Reichweite. Diese Erfolgsbilanz lockt neue Hotelfirmen an: Aus den 28 000 Betten von 2001 wurden bis 2012 mehr als 53 000 und bis 2015 sollen weitere 8000 hinzukommen. Das bedeutet für Hamburg-Urlauber: Viel Wettbewerb unter den Hoteliers und deshalb attraktive Preise für ihre Gäste.

Die folgenden Preiskategorien gelten für ein Doppelzimmer pro Nacht:

€   – unter 80 Euro
€€   – 80 bis 120 Euro
€€€   – 120 bis 160 Euro
€€€€ – über 160 Euro

Atlantic Hotel Kempinski → aB6

An der Alster 72–79
20099 Hamburg-St. Georg
U1: Lohmühlenstraße
℡ (040) 288 80
www.kempinski.com/de/hamburg
Das Grandhotel wurde 1909 für die Passagiere von Transatlantik-Dampfern gegründet, es gehörte meist zu den besten Adressen. Nach einem »Durchhänger« in Sachen Zimmerausstattung und Service haben die Besitzer (mehrheitlich das thailändische Königshaus) 25 Mio. Euro investiert, um das bekannte Haus zu altem Glanz zurückzuführen. €€€€

Fairmont Hotel Vier Jahreszeiten → aB4

Neuer Jungfernstieg 9–14
20354 Hamburg-Mitte
U-/S-Bahn: Jungfernstieg
℡ (040) 349 40, www.hvj.de
Luxuriöses Traditionshotel mit optimaler Lage an der Binnenalster. Die amerikanische Fairmont-Gruppe hat die Traditionsadresse für 25 Mio. Euro komplett modernisiert. Mit 156 Zimmern und Suiten ein überschaubares Haus mit gepflegter Betreuung der Gäste und einer angenehmen Bar. €€€€

Hotel Louis C. Jacob → cC2

Elbchaussee 401–403
22609 Hamburg-Nienstetten
S1: Ottmarschen, dann Bus 286: Sieberlingstraße
℡ (040) 82 25 50
www.hotel-jacob.de
Das Luxushotel liegt zwar fernab der Innenstadt, aber direkt oberhalb der Elbe. Ein relativ kleines Haus mit 85 Zimmern und Suiten, was zur persönlichen Atmosphäre viel beiträgt. Service und Küche sind sehr gut. Berühmte **Lindenterrasse** mit Elbblick. €€€€

Park Hyatt Hamburg → aD6

Bugenhagenstr. 8
20095 Hamburg-Mitte
U-/S-Bahn: Hauptbahnhof
℡ (040) 33 32 12 34
http://hamburg.park.hyatt.de
Das moderne Luxushotel liegt zentral, aber ruhig. Ein Ausgang führt auf die Mönckebergstraße,

Wohlfühloase an der Binnenalster: das »Fairmont Hotel Vier Jahreszeiten«

die Park Lounge bietet einen Blick auf diese Kaufhausmeile bei einem Tee oder einem Cocktail. Der 1000 Quadratmeter große Wellnessbereich bietet auch ein 20 Meter langes Schwimmbad. €€€€

Das Smolka ➡ C9/10
Isestr. 98
20149 Hamburg-Harvestehude
U1: Klosterstern
✆ (040) 48 09 80
www.hotel-smolka.de
Das 37-Zimmer-Hotel liegt mitten im gesuchten Stadtteil Eppendorf und zeichnet sich durch ansprechende Details aus wie eine Bibliothek und einen offenen Kamin in der Lobby, eine besondere Whisky-Auswahl in der Bar und kostenlosen Internetzugang. €€€

Gastwerk ➡ G3
Beim alten Gaswerk 3/Daimlerstraße, 22761 Hamburg-Ottensen
Bus 3: Bornkampsweg
✆ (040) 890 62-0
www.gastwerk.com
Das ehemalige Kohlelager eines Gaswerks von 1896 ist – mit einem Anbau – zu einem 141-Zimmer-Hotel mit besonderem Ambiente und Design geworden. Einige Suiten haben noch Backsteinwände. Mit der

S-Bahn etwa 25 Minuten in die City. Diverse »Special«-Angebote. €€€

Grand Elysee ➡ G10
Rothenbaumchaussee 10
20148 Hamburg-Mitte
S-Bahn: Dammtor
✆ (040) 41 41-22 00
www.grand-elysee.de
Das Hotel ist mit seinem Boulevard-Konzept bekannt geworden: Die sechs Restaurants und Bars sind auch bei Hamburgern beliebt. Eine Besonderheit ist auch der Betriebskindergarten, den nach Voranmeldung Gäste für Kinder ab 8 Monaten nutzen können. €€€–€€€€

Hotel Hafen Hamburg ➡ J8
Seewartenstr. 9
20459 Hamburg-St. Pauli
U-/S-Bahn: Landungsbrücken
✆ (040) 311 13-0
www.hotel-hamburg.de
Mittelklassehotel oberhalb des Hafens, in einigen Zimmern Blick auf die Schiffe; gute Lage für Musical-Besucher. Entstanden aus einem Seemannsheim von 1864, 1987 ergänzt durch einen Hotelturm. Die Tower Bar in 62 m Höhe bietet schöne Blicke über Stadt und Hafen. €€€

Essen und Trinken
Restaurants, Cafés und Ausflugslokale

Der norddeutschen Küche sagt man häufig nach, sie sei schlicht und schwer, aber nur in Maßen schmackhaft. Ob das stimmt, sei dahingestellt, allein die vielen leckeren Fischgerichte lassen an dem Vorurteil zweifeln. In Hamburg hat das Verdikt über die Kunst der Küchenmeister indes noch nie gestimmt, zumindest nicht mehr seit jener Zeit, da die Kaufmannskaste, aber auch die Mittelschicht, dank Hafen und Handel zu mehr oder minder prallen Schatullen kam. Das führte zu gehobener Küche und zu ordentlichen Weinen auf den Tafeln.

Daraus hat sich eine breite gastronomische Szene entwickelt, die heute nahezu jeden Wunsch zwischen Labskaus und Schampus erfüllen kann. In der Nobelklasse köcheln derzeit neun »Chefs«, die mindestens einen Michelin-Stern am Revers tragen. Aber auch mit den Küchen dieser Welt sind die Hamburger seit Jahrzehnten vertraut, durch ihre Seeleute und durch manchen fremdländischen Smutje, der an der Elbe »hängen blieb«.

Für die Restaurants sind Reservierungen zu empfehlen. Unsere Kategorien beziehen sich allein auf die durchschnittlichen Preise für Vorspeise und Hauptgang bzw. für ein Menü. Generell liegen die Preise in Norddeutschland etwas höher als in Süddeutschland:

Untere Preislage: bis 20 Euro
Mittlere Preislage: 20 bis 30 Euro
Höhere Preislage: 30 bis 45 Euro
Oberste Preislage: über 45 Euro

Restaurants

Untere Preislage:

Preiswerte Restaurants gibt es außerhalb der City in reicher Zahl, hier werden einige genannt, die zudem ein besonderes Flair haben.

Filmhauskneipe ➜ H4
Friedensallee 7
S-Bahn: Altona, dann ca. 11 Min. Fußweg
℘ (040) 39 90 80 25
www.filmhauskneipe.de
Tägl. 12–1, warme Küche bis 23 Uhr
Stammplatz von Journalisten, Literaten, Theater- und Werbeschaffenden mit empfehlenswerter Tageskarte.

Hamburger Fischerstube
➜ aB4
Colonnaden 49
U1: Stephansplatz
℘ (040) 35 71 63 80
www.hamburger-fischerstube.de
Tägl. 11–24 Uhr
Wie der Name schon sagt kommen hier Meerestiere auf den Tisch. Neben rustikalen Speisen kann der Gast auch leichtere, mediterrane Fischgerichte wählen.

Hard Rock Café ➜ K8
St. Pauli Landungsbrücken, Brücke 5
U-/S-Bahn: Landungsbrücken
℘ (040) 30 06 84 80
www.hardrock.com
So–Do 12–1, Fr/Sa 12–2 Uhr
Jüngste Deutschland-Filiale der Kette mit den üblichen Burger-

und TexMex-Speisen; im Sommer Terrasse und tollem Hafenblick.

Hopi ➡ D9
Oberstr. 3
U3: Hoheluftbrücke
☎ (040) 420 09 40
www.hopi-hamburg.de
Di–Sa 17–22.30, So bis 21.30 Uhr
Sehr günstiges Steakhaus mit guter Qualität.

Kartoffelkeller ➡ aE3
Deichstr. 21, U3: Rödingsmarkt
☎ (040) 36 55 85
www.kartoffelkeller-hamburg.de
Tägl. ab 12 Uhr, open end
Dem Namen gemäß eine Vielzahl raffinierter Kartoffelgerichte.

Museumshafen-Café ➡ K2
Ponton Neumühlen
U-/S-Bahn: Landungsbrücken
Bus 112, Fähre 62: Neumühlen
☎ (040) 39 73 83
www.museumshafencafe.de
Tägl. 12–21, S ab 10 Uhr
In der einstigen Hafenfähre »Bergedorf« auf der Elbe beim Museumshafen Övelgönne bietet die Küche Hamburger Spezialitäten wie Pannfisch mit Senfsoße, aber auch kleine Gerichte. Gelegentlich Ausfahrten auf der Elbe.

Oberhafen-Kantine ➡ aE7
Stockmeyerstr. 39
U1: Meßberg, dann 10 Min. Fußweg
☎ (040) 32 80 99 84
www.oberhafenkantine-hamburg.de
Küche Mo–Sa 12–22, So 12–18 Uhr
Seit 1925 steht das Häuschen an dieser Stelle und seit 2000 unter Denkmalschutz. Es ist die letzte von mehr als 20 Kaffeeklappen, die es einst im Hamburger Hafen gab. Die beiden Wirte bringen wie ihre Vorgänger traditionelle norddeutsche Gerichte auf den Tisch: Rundstück, Labskaus, Fischfrikadellen und natürlich Verschleiertes Bauernmädchen.

O Café Central ➡ aD4
Große Bäckerstr. 4
U3: Rathausmarkt
☎ (040) 37 51 82 80
www.ocafe-central.de
Mo–Fr 12–15 und 18–23, Sa 17–23, warme Küche bis 22 Uhr
Pfiffige portugiesische Küche in der Innenstadt, viele Stockfisch-Varianten. Nur sieben Tische.

Strandperle ➡ K2
Schulberg 2
S1/3: Reeperbahn, dann Bus 36: Liebermannstraße, dann ca. 7 Min. Fußweg
☎ (040) 880 11 12
www.strandperle-hamburg.de
Tägl. 11–23 Uhr, Nov.–April nur Sa/So und bei schönem Wetter
Unmittelbar an der Elbe gelegen ist dieser Kiosk für Sonnenbader. Einer der beliebtesten Plätze der Stadt.

Mittlere Preislage:

Abendmahl ➡ J7
Hein-Köllisch-Platz 6
S1/3: Reeperbahn, dann etwa 6 Min. Fußweg
☎ (040) 31 27 58
www.restaurantabendmahl.de
Mo–Sa ab 18, So ab 17, Küche bis 23.30 Uhr
Nomen est omen, deshalb nur abends geöffnet. Kietz-Tipp.

Ahrberg ➡ bB2
Strandweg 33
S1: Blankenese, dann Bus 1/49: Blankenese Fähre
☎ (040) 86 04 38
www.restaurant-ahrberg.de
Tägl. 10–24, Küche bis 23 Uhr
Gemütliches Lokal im Wohnzimmerstil, ringsum gute bürgerliche Küche. Angenehme Blankeneser Atmosphäre, Terrasse und schöner Blick auf die Elbe.

Block-House
In mehreren Stadtteilen
www.block-house.de

Tägl. 11.30–24 Uhr
Steakhouse-Kette des Hamburger Gastronomen Eugen Block, die in Hamburg 14 Filialen hat. Das Fleisch ist gut, die Salate frisch, die Bedienung freundlich – gutes Preisleistungsverhältnis.

Carls Bistro ➡ aF/aG3
Am Kaiserkai 69
Bus 6: Auf dem Sande, dann 10 Min. zu Fuß
✆ (040) 300 32 24 00
www.carls-brasserie.de
Mo–Fr 12–14.30 und 18–23, Sa/So 12–23 Uhr
Ein Bistro nach französischer Art an der künftigen Elbphilharmonie mit Salaten, Quiche, Flammkuchen. Die Brasserie im selben Komplex ist gastronomisch aufwendiger und teurer.

Fillet of Soul ➡ aE7
Deichtorstr. 2
U1: Steinstraße, dann etwa 6 Min. Fußweg
✆ (040) 70 70 58 00
www.fillet-of-soul.de
Mo 11–15, Di–Sa 11–24, Küche bis 22, So 11–18 Uhr
Restaurant in den Deichtorhallen. Kreative Küche mit asiatischen Akzenten, mittags recht günstige Preise, nachmittags hausgemachter Kuchen.

Freudenhaus ➡ J7
Hein-Hoyer-Str. 7–9
S1/3: Reeperbahn, dann 10 Min. zu Fuß
✆ (040) 31 46 42
www.stpauli-freudenhaus.de
Tägl ab 18 Uhr
Bürgerliche Küche (Rouladen etc.) im Rotlichtdistrikt. Große Portionen, Nahe den Theatern an der Reeperbahn.

Kajüte Hamburg ➡ aA7
An der Alster 10a
Bus 6: St. Georg
✆ (040) 24 30 37, www.kajuete.de
Tägl. 11–23 Uhr

Schöner Platz: Direkt an der Alster gelegen, mit Sonnenterrasse und Wintergarten. Kleine Karte (Fisch und Fleisch), ordentliche Qualität.

Old Commercial Room ➡ J9
Englische Planke 10
U3: Rödingsmarkt
✆ (040) 36 63 19
www.oldcommercialroom.de
Tägl. 12–23.30 Uhr warme Küche
Traditionsrestaurant mit Gerichten aus Hamburg und Norddeutschland, deshalb auch bei Touristen beliebt. Gegenüber vom »Michel«, bekannt für Labskaus.

Ono ➡ D9
Lehmweg 17
U3: Hoheluftbrücke, dann ca. 7 Min. Fußweg
✆ (040) 88 17 18 42
www.onobysteffenhenssler.de
Mo–Sa 12–15 und 18–23 Uhr
Japanisch akzentuierte Küche mit Schwerpunkt auf Sushi. Lebendige Atmosphäre.

Peking-Enten-Haus ➡ F9
Rentzelstr. 48
S-Bahn: Dammtor, dann Bus 4/5: Grindelhof
✆ (040) 45 80 96
www.pekingentenhaus-hh.de
Tägl. 18–23 Uhr
Wenig ansprechende Stadtteil-Umgebung, aber ein Vergnügen, wenn man bei diesem Chinesen zu mehreren die traditionelle Peking-Ente ordert.

Piccolo Paradiso ➡ aD2
Brüderstr. 27
S1/3: Stadthausbrücke, dann ca. 7 Min. Fußweg
✆ (040) 35 71 53 58
www.piccolo-paradiso.de
Di–Fr 12–15, Mo–Sa ab 18, Küche bis 22.30 Uhr
Das »ökologische Weinrestaurant« serviert überwiegend vegetarische Gerichte, die immer frisch zubereitet werden. In City-

Abendessen im »Abendmahl« (St. Pauli)

Nähe im Kneipenviertel Großneumarkt.

Ristorante Portonovo ➡ aA5
Alsterufer 2, S-Bahn: Dammtor
☎ (040) 41 35 66 16
www.ristorante-portonovo.de
Tägl. 12–23.30, So bis 22 Uhr
Das italienische Restaurant schwimmt auf dem Ponton des einst stadtbekannten »Paolino« nahe der Kennedybrücke auf der Außenalster mit entsprechend schöner Aussicht.

Schatto Pauli ➡ J7
Kastanienallee 32
S 1/3: Landungsbrücke, dann 10 Min. zu Fuß

☎ (040) 31 77 88 17
www.tivoli.de/gastro/schatto-pauli
Mi–So 17–20, Sa bis 24 Uhr
Restaurant des Theaterkomplexes Schmidts Tivoli, auch mit speziellen Theatermenüs. Sommerpause im Juli und August.

Trattoria Toscana ➡ J4
Holländische Reihe 25
S21/31: Sternschanze, dann Bus 115: Rothestraße
☎ (040) 39 60 86
Mo–Fr 12–15 und 18–24, Sa 18–24 Uhr
Ein Italiener mit solider Küchenleistung und vorzüglichen Pasti, freundliche und unprätentiöse Atmosphäre.

Weinrestaurant Schoppenhauer ➡ K10

Reimerstwiete 20–22
S1/3: Stadthausbrücke, dann ca. 11 Min. zu Fuß
✆ (040) 37 15 10
www.weinrestaurant-schoppen
hauer.de, Mo–Fr 12–15 und ab 17, Sa ab 18 Uhr
Das Fachwerkhaus von 1633 bei der Speicherstadt birgt ein gemütliches Restaurant mit ordentlicher Küche und ebensolchen Weinen. Einige offene Weine könnten etwas preiswerter sein. Im Sommer auch Plätze im Innenhof.

Höhere Preislage:

Deichgraf ➡ aE3

Deichstr. 23
U3: Rödingsmarkt, dann ca. 5 Min. zu Fuß
✆ (040) 36 42 08
www.deichgraf-hamburg.de
Mo–Fr 12–15 und 17.30–22, Sa 12–22, Juli/Aug. auch So 12–21 Uhr
Historisches Ambiente in der Innenstadt, gute konservative Küche.

Dips 'n Stix ➡ J7

Spielbudenplatz 24
U-/S-Bahn: Landungsbrücken, dann ca. 11 Min. zu Fuß
✆ (040) 31 77 88 84
www.tivdi.de/gastro
Mi–Sa ab 17, So 17–20 Uhr
Fingerfood-Restaurant an der Reeperbahn, über dem Schmidt Theater. Von Dim Sum bis Kaviarkartoffeln. Mittags bürgerlicher Mittagstisch.

Doc Cheng's ➡ aB4

Neuer Jungfernstieg 9
U-/S-Bahn: Jungfernstieg
✆ (040) 349 43 33
www.hvj.de
Mo–Sa 18–23 Uhr
Das Restaurant im Untergeschoss des Hotels Vier Jahreszeiten bietet eine attraktive euro-asiatische Küche und aufmerksamen Service.

Fischereihafen-Restaurant ➡ K4

Große Elbstr. 143
Bus 112: Elbberg
✆ (040) 38 18 16
www.fischereihafenrestaurant.de
Tägl. 11.30–22 (Küche), Fr/Sa bis 22.30 Uhr
Abseits gelegen, an den Fensterplätzen schöner Blick über den Hafen. Eine exzellente Fischküche.

Rexrodt ➡ F13

Papenhuder Str. 35
Bus 6: Mundsburger Brücke
✆ (040) 229 71 98

Mit Blick über den Hafen: Fischereihafen-Restaurant

Restaurant des Luxushotels Louis C. Jacob

www.restaurant-rexrodt.de
Mo–Fr 12–15, Mo–Sa 18.30–23.30 Uhr (Küche)
In der einstigen Jugendstil-Metzgerei wird eine mediterran inspirierte, klassische Küche gepflegt. Preislich im unteren Bereich der Kategorie.

Schlachterbörse ➡ G7
Kampstr. 42
S21/31: Sternschanze, dann ca. 8 Min. Fußweg, ☎ (040) 43 65 43
www.schlachterboerse.de
Mo–Sa 16–24 Uhr
Restaurant nahe dem Schlachthof, speziell für Fleischliebhaber. Die Portionen sind groß, das Ambiente ist uriger als die Preise.

Oberste Preislage:

Landhaus Scherrer ➡ K3
Elbchaussee 130
S1/3: Reeperbahn, dann Bus 36: Hohenzollernring Süd
☎ (040) 880 10 11
www.landhausscherrer.de
Mo–Sa 12–15 und ab 18, Küche bis 14.30 und 22.30 Uhr
Traditionell eine der besten Adressen in Hamburg, stilvoll gepflegt in der Küche wie im Ambiente. Preiswerteres Bistro, auch mit kleineren Portionen.

Louis C. Jacob ➡ cC2
Elbchaussee 401–403
S1: Othmarschen, dann Bus 286: Sieberlingstraße
☎ (040) 822 55-0
www.hotel-jacob.de
Mi–So mittags und abends
Das gut 200 Jahre alte Restaurant des Luxushotels wurde aufwendig saniert und überzeugt nun wieder mit Stuck, Tradition und moderner, sehr guter Zwei-Sterne-Küche. Die ✤ **Lindenterrasse**, den Kaffeegarten des Hotels, hat Max Liebermann 1902 in seinem Gemälde »Terrasse im Restaurant Jacob in Nienstedten an der Elbe« verewigt. Das Haus liegt zwar fernab der Innenstadt, aber direkt oberhalb der Elbe mit herrlichem Ausblick.

Restaurant Haerlin ➡ aB4
Neuer Jungfernstieg 9–14
U-/S-Bahn: Jungfernstieg
☎ (040) 34 94 33 10
www.hvj.de
Di–Sa 18.30–21.30 Uhr (Küche)
Das Traditionsrestaurant im Hotel Vier Jahreszeiten hat sich nach Schwächeperioden wieder in die Hamburger Spitzenklasse gekocht. Der Stil: klassisch-französisch mit mediterranen Akzenten, leichte Gerichte.

Restaurants mit Nachtservice:

Erikas Eck ➡ G8
Sternstr. 96, S21/31: Sternschanze,
dann ca. 11 Min. zu Fuß
✆ (040) 43 35 45
www.erikas-eck.de
Tägl. 17–14, Fr/Sa bis 9 Uhr
Die Öffnungszeiten weisen auf
die besondere Klientel hin: Hier
verköstigen sich die Schlachthof-
Leute preiswert mit reichlich be-
messenen Portionen.

Gestern und Heute ➡ H9
Kaiser-Wilhelm-Str. 55
U2: Gänsemarkt, dann etwa 8
Min. zu Fuß
✆ (040) 34 49 98
Durchgehend geöffnet
Das Restaurant ohne Pause bie-
tet deftige Küche, mit Gourmet-
Dependance, es liegt strategisch
günstig zwischen Kiez, City und
Zeitungsviertel.

Zwick ➡ E10
Mittelweg 121 b
U1: Stephansplatz, dann weiter
mit Bus 109
✆ (040) 44 32 67
www.zwick-hamburg.de
Tägl. ab 19 Uhr, open end
Geprägt von Hamburgs angegrau-
ter, aber vitaler Rockszene, bietet
das Restaurant preiswerte Bürger-
kost. Mit zwei Ablegern in Altona.

Cafés

Café Funk-Eck ➡ E9
Rothenbaumchaussee 137
U1: Hallerstraße
✆ (040) 44 41 74
http://tortenpost.regional.de
Tägl. 7.30–21 Uhr
Namenspate ist das nahe NDR-
Funkhaus, so entwickelte sich das
Café seit 1950 zu einer Hambur-
ger Institution, charmant altmo-
disch und mit großer Sonnenter-
rasse. Der warme Butterkuchen,

frisch aus dem Ofen, ist ein eben-
solcher Genuss wie die Eistorte.

Café Klatsch ➡ H8
Glashüttenstr. 17, Metrobus Nr. 3
✆ (040) 439 04 43
www.cafe-klatsch-hamburg.de
Tägl. 10–20 Uhr
Im alternativen Karo-Viertel gehört sich das so: Frühstück bis
19 Uhr. Allerdings dauert schon
die Bestellung etwas länger: Es
gilt, das erste Mahl des Tages aus
mehr als 30 Einzelpositionen zu-
sammenzusetzen. Und nicht alles
kommt presto, denn oft ist auch
der letzte Stuhl besetzt.

Konditorei Herr Max ➡ G7
Schulterblatt 12
U3: Feldstraße
✆ (040) 69 21 99 51
www.herrmax.de, tägl. 10–19 Uhr
In einem ehemaligen Milchge-
schäft von 1905 mit alten Kacheln
an den Wänden.

Ausflugslokale

Gasthaus zum Kiekeberg ➡ cE3
Am Kiekeberg 5
21224 Rosengarten-Ehestorf
S3: Harburger Rathaus, Bus 340:
Museum Kiekeberg
✆ (040) 790 50 21
www.kiekeberg.de
Tägl. außer Mo 8–21 Uhr
Hamburgs »Hochgebirgs«-Gast-
haus in etwa 150 m Höhe der Harburger Berge. Familienbetrieb in
dritter Generation mit rustikaler,
preiswerter Küche. Selbstgeba-
ckenes Brot, Wurst nach Haus-
rezept, Biergarten und Terrasse.
Das Freiluftmuseum Kiekeberg
mit ländlich-historischen Gebäu-
den und der Wildpark Schwarze
Berge mit einheimischen Wildtie-
ren liegen in der Nähe.

Schulauer Fährhaus ➡ cC1
Parnassstr. 29, 22880 Wedel
S1: Wedel, dann Bus 189: Elbstra-

Hamburger Spezialitäten

Nicht nur in Dänemark, auch in Hamburg isst man gerne *Rote Grütze*. Sie kann verschiedener Art sein, denn die Köche und die Lokalforscher streiten immer noch darüber, ob in diese Leckerei nun ganze Früchte gehören oder nicht. Einig sind sie sich nur darüber, dass keine Vanillesauce dazugehört: über die Grütze kommt Milch, bestenfalls Sahne.

Etwas Süßes darf in Hamburg fast immer dabei sein, so wird die Salatsauce ohne Hemmungen gezuckert, so kommt selbstverständlich Backobst in die *Hamburger Aalsuppe*, die ohnehin ein abenteuerliches Gemisch ist: Zu den Dörrpflaumen, den getrockneten Birnen und Trockenäpfeln (bisweilen sind auch getrocknete Aprikosen dabei) kommen neben dem Aal noch Dörrfleisch in den Brühetopf, Suppengrün, Wurzeln (Möhren), reichlich Erbsen und mehr als ein Schuss Wein.

Süßes Obst gehört auch in Hamburgs ureigenen Eintopf, nach seinen Zutaten *Birnen, Bohnen und Speck* genannt. Derlei ist nun wahrlich nicht jedermanns Vergnügen, aber selbst wer es einmal probieren möchte, findet kaum noch eine Gaststätte, die diese Spezialität serviert. Mit der Aalsuppe ist es leichter, sie wird häufig da kredenzt, wo viele Touristen verkehren. Dort steht auch meist *Labskaus* auf der Karte, ein Brei aus Fischen, Pökelfleisch, Kartoffeln und Zwiebeln, der sein optisch abschreckendes Äußeres unter einem Spiegelei, roten Beeten und einer Salzgurke versteckt.

In Hamburg eine Selbstverständlichkeit: frischer Fisch

Eine ausgesprochen leckere Sache ist hingegen ein *Rundstück warm*, ein Brötchen mit einer deftigen Scheibe Braten und einem Schlag Bratensauce. War es der Urahn des »Hamburgers«, der heute die Essgewohnheiten auf fünf Kontinenten nivelliert?

ße, ✆ (041 03) 920 00
www.schulauer-faehrhaus.de
Tägl. 11–23, So Frühstück 9–11.30 Uhr
Kein typisches Ausflugslokal mehr: Das kulinarisch wie auch preislich anspruchsvolle Restaurant setzt auf saisonale und regionale Produkte. Die Attraktion ist das Willkomm-Höft, in dem alle ein- und auslaufenden größeren Seeschiffe mit ihrer Nationalhymne und durch Dippen der Flagge gegrüßt werden.

Forsthaus Friedrichsruh ➜ cD6
Oedendorfer Weg 5

21521 Friedrichsruh
S21: Aumühle, Regionalexpress: Friedrichsruh, dann 7 Min. Fußweg
✆ (041 04) 69 23 66
www.forsthaus-friedrichsruh.de
Tägl. 10 bis ca. 22 Uhr
Im Sachsenwald, unweit des einstigen Alterssitzes von Otto von Bismarck. Dort, in Friedrichsruh, gibt es auch ein **Bismarck-Museum** (✆ 041 04-24 19, im Sommer tägl. außer Mo 10–18, im Winter 10–16 Uhr) und einen **Garten der Schmetterlinge** (nur von Frühlingsbeginn bis Mitte Okt. geöffnet). ◼

Nightlife
Hotelbars, Clubs und Discos, Jazz- und Musikclubs, Spielkasino

Hamburgs Clubszene ist »hip« und außerordentlich vielfältig, jeden Abend gibt es eine gute Auswahl an Live- und DJ-Musik. Einige Traditionsadressen sorgen für Rock und Jazz. In der Pop-Landschaft ist die große Zeit der »Hamburger Szene«, der Udo Lindenberg, Otto Waalkes oder Mike Krüger entstammen, vorbei. Erhalten blieb aber eine blühende Kneipenszene. Bars gibt es in der Bandbreite vom feinen Hoteltreff bis zum Striptease-Schuppen. Hamburgs »heilige« Viertel, die Rotlichtdistrikte von St. Pauli und St. Georg, sind Zentren der Straßenprostitution. Die meisten Sex-Lokale finden sich in St. Pauli, trübe Schuppen mit hohen Preisen. Wenn sie eine Sex-Schau anbieten, ist diese oft von primitiver Ödnis. Einige dieser Lokale haben sich eine relative Reputation erworben. Dort gehen die Hamburger hin, wenn sie einen Geschäftsfreund auf die Reeperbahn bringen müssen, etwa ins »Safari« mit vier Erotikshows pro Nacht.

Hotelbars

Atlantic Hotel Kempinski ➡ aB6
An der Alster 72–79, U-/S-Bahn: Hauptbahnhof/Kirchenallee, dann ca. 10 Min. zu Fuß
℡ (040) 288 80
www.kempinski.atlantic.de
Tägl. 9–1, Fr/Sa bis 3 Uhr
Gepflegte Hotelbar, geschätzt von der Hamburger Gesellschaft,

Hamburgs »heiliges« Viertel: St. Pauli

mit Zeichnungen des im Hotel lebenden Udo Lindenberg geschmückt.

Grand Elysée ➡ G10
Rothenbaumchaussee 10
S-Bahn: Dammtor, dann ca. 7 Min. zu Fuß, ℡ (040) 41 41 20
www.grand-elysee.de
Tägl. 17–2, So bis 1 Uhr, nachmittags und abends Livemusik
Die gesamte quirlige Lobby des Hotels am Rande des Uni-Viertels ist ein beliebter Abendtreff mit zwei Bars.

Clubs und Discos

(Das aktuelle Programm ist den Stadtmagazinen oder dem Internet zu entnehmen.)

Docks Club ➡ J7
Spielbudenplatz 19
U3: St. Pauli, dann 11 Min. zu Fuß
℡ (040) 31 78 83-0
www.docks.de
Hauptsächlich Rock aller Art, aber auch andere populäre Stilrichtungen. Konzerte und Partys Fr/Sa ab 22 oder 23 Uhr.

Club in Hamburg-Altona

Golden Pudel Klub ➡ K7
St. Pauli-Fischmarkt 27
U-/S-Bahn: Landungsbrücken,
dann Bus 112
☎ (040) 31 97 99 30
www.pudel.com
Tägl. geöffnet
Schrilles Programm mit DJs vieler
Musikrichtungen, sehr angesagt.

Molotow ➡ J7
Spielbudenplatz 5
U3: St. Pauli, dann ca. 10 Min. zu
Fuß
☎ (040) 430 11 10
www.molotowclub.com
Konzertort vor allem für Punk,
Beat und Electro; am Wochenen-
de danach Disco.

Pony Bar ➡ F9
Allende-Platz 1
Bus 4/5: Grindelhof
☎ (040) 428 38 78 95
www.ponybar.de
Mo–Sa ab 9, So ab 10 Uhr
Tagsüber Café am Uni-Campus
mit Foto-Ausstellungen, nachts
Rock, Jazz, Hip-Hop.

Trafalgar Lounge ➡ J13
Heidenkampsweg 32
U-/S-Bahn: Berliner Tor
☎ (01 74) 454 00 48
www.trafalgar-lounge.de

Programmbeginn meistens um
23 Uhr
Spezielles Programm mit Afro-
beat, Balkan Partys, Russian Mu-
sic, aber auch mit House.

Waagenbau ➡ G7
Max-Brauer-Allee 204
U-/S-Bahn: Sternschanze
☎ (040) 2442 05 09
www.waagenbau.com
Programm meist 23 Uhr oder Mit-
ternacht
Discoclub mit Funky-Music und
Reggae, auch beliebte Party-
Location.

Jazzclubs, Veteranen der Szene

Birdland ➡ D7
Gärtnerstr. 122
S-Bahn: Dammtor, dann Bus 5
☎ (040) 40 52 77
www.jazzclub-birdland.de
Di–Sa 20.30–1.30 Uhr
Guter alter Jazz, solide, hin und
wieder etwas Moderneres, ab
21 Uhr Live-Jazz.

Cotton Club ➡ aD2
Alter Steinweg 10
S1/3: Stadthausbrücke, dann ca. 5
Min. zu Fuß

English Theatre of Hamburg
➡ F14
Lerchenfeld 14
U3: Mundsburg
✆ (040) 227 70 89
www.englishtheatre.de
Englischsprachige Aufführungen,
Komödien und Krimis, aber auch
Problemstücke.

Ernst-Deutsch-Theater ➡ F13
Friedrich-Schütter-Platz 1
U3: Mundsburg
✆ (040) 22 70 14 20
www.ernst-deutsch-theater.de
Ein Privattheater mit anspruchs-
vollem Spielplan von Klassikern
bis zu Komödien.

✿ Hamburger Engelsaal ➡ aB3
Valentinskamp 40–42, Belle Etage
U2: Gänsemarkt
✆ (040) 319 74 76 99
www.engelsaal.de
Bühne der leichten Muse mit
viel Operette, gelegentlich auch
Musical, Kabarett oder Schlager-
schau.

*Das Deutsche Schauspielhaus
Hamburg: »Der Kunst eine Staette
– den Musen ein Heim« lautet das
Motto*

Hamburger Kammerspiele ➡ F9
Hartungstr. 9
U1: Hallerstraße
✆ 0800-413 34 40 (gebührenfrei)
www.hamburger-kammerspiele.de
Ein in Hamburg beliebtes Haus
mit gemischtem Spielplan.

Hamburgische Staatsoper ➡ aB4
Große Theaterstr. 25
U1: Stephansplatz
✆ (040) 35 68 68
www.hamburgische-staatsoper.de
Die renommierte Bühne entstand
1953–55 im Stil dieser Jahre, ihre
Tradition geht zurück bis 1678,
als Deutschlands erstes Opernhaus in Hamburg eröffnet wurde.
Heute hat Hamburg eines der re-
nommiertesten Opernensembles
Deutschlands.

Weltruf haben die Ballett-In-
szenierungen des Choreographen
John Neumeier. Zum Haus gehört
auch die Studiobühne »Opera
Stabile«.

Hansa Varieté Theater ➡ H12
Steindamm 17
U-/S-Bahn: Hauptbahnhof
✆ (040) 47 11 06 44
www.hansa-theater.de
Das legendäre Variete-Theater
von 1894 war 2001 geschlossen
worden. Anfang 2009 wurde ein
Neustart versucht. Seither gibt es
jeweils im Winter wieder ein neues Programm.

Kampnagelfabrik ➡ C13
Jarrestr. 20
U3: Saarlandstraße, Bus 172, 173
✆ (040) 27 09 49 49
www.kampnagel.de
Freie Bühne für experimentelles
Theater und Gastspiele.

Komödie im Winterhuder
Fährhaus ➡ B10
Hudtwalckerstr. 13
U1: Hudtwalckerstraße
✆ (040) 48 06 80 80
www.komoedie-hamburg.de
Boulevardkomödie mit fernseh-

Spektakuläre Produktionen des Hamburg Ballett unter der Choreografie von John Neumeier: das Ballett »Sylvia«

populären Schauspielern, eine Kooperation mit Berlins Theater und Komödie am Kurfürstendamm.

8 Neue Flora Theater ➡ G6
Stresemannstr. 159 a
S21/31: Holstenstraße
✆ 018 05-44 44
www.stage-entertainment.de
In dem speziell für Musicals erbauten Theater läuft seit Okt. 2008 allabendlich Disneys »Tarzan«-Musical, Sa/So auch mittags.

Ohnsorg-Theater ➡ aC6/7
Bieberhaus, Heidi-Kabel-Platz 1
U3: Hauptbahnhof

✆ (040) 35 08 03 21
www.ohnsorg.de
Volksstücke in Plattdeutsch, meist Schwänke, hin und wieder auch ernste Stücke. Anders als im Fernsehen ist auf der Bühne das Platt nicht »geglättet« für süddeutsche Ohren.

8 TUI Operettenhaus ➡ J8
Spielbudenplatz 1
U3: St. Pauli; S1/3: Reeperbahn
✆ 018 05-44 44
www.stage-entertainment.de
Hamburgs erste Musicalbühne zeigt seit November 2012 »Rocky – das Musical«.

Neue Flora Theater: Szene aus dem Musical »Tarzan«

St.-Pauli-Theater ➡ J7
Spielbudenplatz 29
S1/3: Reeperbahn
✆ (040) 47 11 06 66 (Kartenreservierung)
www.st-pauli-theater.de
Häufig wechselnde Programme mit Kabarettisten und Schauspielern.

Schmidt Theater ➡ J7
Spielbudenplatz 24
U3: St. Pauli, S1/3: Reeperbahn
✆ (040) 31 77 88 99
www.tivoli.de
Kulttreff am Kiez mit vielfältigem Programm: Theater, Varieté, Musik. Ein weiterer Veranstaltungsort an derselben Adresse ist **Schmidts Tivoli.**

Thalia Theater ➡ aC5
Alstertor
U3: Mönckebergstraße
✆ (040) 32 81 44 44
www.thalia-theater.de
Das Theater hat in jüngster Zeit dem Schauspielhaus häufig den Rang abgelaufen. Die Filiale in der Gaussstr. 190 ist über den S-Bahnhof Altona zu erreichen.

❽ Theater im Hafen
➡ aG2
Norderelbstr. 6, gegenüber den Landungsbrücken (Fähr-Shuttle)
U-/S-Bahn: Landungsbrücken
Ticket-Hotline ✆ 018 05-44 44

Gastspiel des Burgtheaters Wien im Thalia Theater Hamburg (»Das purpurne Muttermal«, 2007)

www.loewenkoenig.de
Di/Mi 18.30, Do/Fr 20, Sa 15 und 20, So 14 und 19 Uhr
Im Zelttheater wird das Musical **»König der Löwen«** nach dem gleichnamigen Disneyfilm aufgeführt.

Das Schiff ➡ aE4
Holzbrücke 2
U3: Rödingsmarkt
S1/3: Stadthausbrücke
✆ (040) 69 65 05 80
www.theaterschiff.de
Literarisches Kabarett und Kleinkunst auf einem 100 Jahre alten Schiff.

Konzerte

Hochschule für Musik und Theater ➡ aD2
Harvestehuder Weg 12
Bus 109: Böttgerstraße
Konzertkasse Gerdes ✆ (040) 45 33 26, www.hfmt-hamburg.de
In der Akademie treten nicht nur die Absolventen und ihre Lehrkräfte, sondern auch oft Gastspielkünstler von internationalem Rang auf. Konzertkarten an den Vorverkaufsstellen.

Laeiszhalle ➡ aB2
Johannes-Brahms-Platz
U2: Gänsemarkt
✆ (040) 357 66 60
www.musikhalle-hamburg.de
Das neobarocke Gebäude, eine Spende des Reeder-Ehepaars Laeisz, ist das Zentrum des Hamburger Konzertlebens und liiert mit der künftigen Elbphilharmonie. Im »Klingenden Museum« kann man nach Anmeldung Instrumente ausprobieren.

Tickets

Es gibt eine Reihe von Vorverkaufsbüros, etwa **Collien** (Eppendorfer Baum 25, ✆ 040-48 33

90), **Schuhmacher** (Kleine Johannisstr. 4, ℂ 040-34 30 44) oder die Vorverkaufskasse im Kaufhaus **Alsterhaus** (Jungfernstieg 16, Untergeschoss, ℂ 040-35 35 55). Für die bekannten Musicals und viele andere Veranstaltungen können aber auch Reisebüros in ganz Deutschland per Computer Plätze reservieren.

Kinos

Als Millionenstadt hat Hamburg erwartungsgemäß zahlreiche Kinos. Auffallend ist die große Zahl von Programmkinos, die sich nicht nur als Adresse für kundige Cineasten verstehen. Hier sind die bekanntesten. Eine Übersicht liefert die Website Kino-Fahrplan Hamburg (www.kino-fahrplan.de).

3001 Kino ➡ G7
Schanzenstraße 75 (im Hof)
Bus 3: Neuer Pferdemarkt
ℂ (040) 43 76 79
www.3001-kino.de
Das Programmkino im alternativ geprägten Schanzenviertel zeigt auch viele fremdsprachige Filme, eine Besonderheit ist die Wunschliste, in der jeder im Internet Programmvorschläge machen kann.

Abaton-Kino ➡ F9
Allendeplatz 3, Ecke Grindelhof
Metro-Bus 4/5: Rentzelstraße
ℂ (040) 41 32 03 20
www.abaton.de
Das Abaton wurde 1970 als eines der ersten Programmkinos gegründet. Es zeigt viele Erstaufführungen und Filme in der Originalsprache. Mit Restaurant und Bar.

Metropolis Kino ➡ aB4
Kleine Theaterstr. 10
U2: Gänsemarkt
ℂ (040) 34 23 53
www.metropolis-hamburg.de

Das Café im Literaturhaus: ein Treff für Leser und Schreiber

Ambitioniertes und preiswertes Programmkino, das aus einer Bürgerinitiative von 1979 hervorgegangen ist und auch nächtliche Spezialprogramme anbietet.

Zeise-Kinos ➡ H4
Friedensallee 9
S-Bahn: Altona, dann ca. 11 Min. zu Fuß
ℂ (040) 390 87 70
www.zeise.de
Die frühere Schiffsschraubenfabrik bietet ein interessantes Filmprogramm mit regelmäßigen Late-Night-Programmen. Die **Filmhauskneipe** nebenan ist ein beliebter Treffpunkt.

Literatur

Literaturhaus ➡ F12
Schwanenwik 38, nahe der Alster
Metrobus 6: Mundsburger Brücke
ℂ (040) 22 70 20 11
www.literaturhaus-hamburg.de
Tägl. 10–24 Uhr
Hamburgs rege literarische Szene hat seit einigen Jahren ein Zentrum. Dank großzügiger Spenden konnte die Jugendstilvilla restauriert werden, ihr **Café** ist ein beliebter Treffpunkt von Lesern und Schreibern. Das Haus mit dem schönen Ambiente organisiert zahlreiche Veranstaltungen. ■

Shopping
Einkaufsstraßen, Passagen, Kaufhäuser, Buchhandlungen, Galerien

Hanseatischer kann die Adresse nicht sein: Ballindamm 25, Reederei Hapag-Lloyd. Und: »Trachtendiele«. Alpenrüschen und Münchner Chic an der Binnenalster. Nur ein Beispiel für die Überraschungen, die ein Einkaufsbummel in Hamburg bieten kann. Weniger überraschend ist es, dass sich in der wohlhabenden Stadt auch alle Luxusnamen eingefunden haben, von Armani bis Wempe. Auf dem Neuen Wall heischen sie alle um Aufmerksamkeit.

Aber die Kenner shoppen nicht nur in der Innenstadt, auch in **Pöseldorf** lohnt sich das Stöbern, selbst wenn die Tage von Jil Sander und Wolfgang Joop, deren Karrieren hier begannen, vorüber sind. Bunt gemischt ist das Angebot in **Eppendorf**, das gilt auch für das **Karoviertel**, das aber auch in seinen Geschäften noch viel von seiner alternativen Historie bewahren konnte. Die alternativen Zentren haben sich inzwischen ins **Schanzenviertel** (»Schanze«) und nach **St. Georg** verlagert – wobei auch hier schon die Yuppies gesichtet werden.

Einkaufsstraßen

Colonnaden ➡ aB/aC4
Die Fußgängerzone mit Einzelhandelsgeschäften und diversen Restaurants reizt im Sommer auch wegen ihrer Straßencafés.

Eppendorf ➡ B–D/9/10
Dieser lebendige citynahe Stadtteil hat zwei Einkaufsstraßen: Der Eppendorfer Baum führt vom Klosterstern zur Eppendorfer Landstraße, die nach rechts abbiegt und bis zur Martinistraße von Fachgeschäften gesäumt ist.

Jungfernstieg ➡ aC4
Der Einzelhandel für den gehobenen Bedarf hat hier seine Adressen, davon profitiert auch das Kaufhaus Alsterhaus.

Mönckebergstraße/
Spitalerstraße ➡ H/J11
Die Haupteinkaufsstraßen zwischen Rathaus und Hauptbahnhof, vornehmlich von Kaufhäusern und Kettenläden gesäumt.

Passagenviertel ➡ H9
Zwischen Gänsemarkt und Rathausmarkt werden die Büroblocks von eleganten Passagen voller Einzelhändler, Restaurants, Bistros etc. durchzogen. Am Neuen Wall sind die internationalen Edelmarken zu Hause.

Pöseldorf ➡ E10/11
Ein inoffizieller Ministadtteil zwischen Mittelweg und Harvestehuder Weg mit Spezialgeschäften und Restaurants, auch Treff der Schicki-Micki-Szene, etwas aus der Mode gekommen.

Schanzenviertel ➡ F/G7/8
Viele Läden im Quartier rings um die seit Jahren besetzte Rote Flora liegen auf der Schanzen- oder der Bartelstraße. Aber auch in den Nebenstraßen gibt es viel zu entdecken.

St. Georg ➡ G/H12/13
Das Angebot ist weit gespreizt, vom klassischen Herrenausstatter bis zur selbstgemachten Marmelade. Die Lange Reihe ist die

Lebensader des Viertels und die Einkaufspiste der Schwulenszene.

Kaufhäuser

Kaufhof ➧ J11
Mönckebergstr. 3
Kontorhaus im Klinkerstil, 1913 von Fritz Höger für den Kaufmann Klöpper fertiggestellt, 1967 wurde hinter der geschützten Fassade das Warenhaus eingerichtet.

Karstadt ➧ J11
Mönckebergstraße/Ecke Gerhard-Hauptmann-Platz
Großes Warenhaus mit vielen dekorativen Sonderaktionen, wie z. B. einer Azaleenschau im Frühling.

Alsterhaus ➧ aC4
Jungfernstieg 16
Haus mit großer Feinschmeckerabteilung nach Vorbild des Berliner KaDeWe.

Passagen

Europa Passage ➧ aC/aD5
Zwischen Binnenalster und Mönckebergstraße
U1/2, S1/2/3: Jungfernstieg
www.europa-passage.de
Hamburgs neuste Einkaufspassage verbindet die Binnenalster mit der Mönckebergstraße. Rund 120 Geschäfte auf drei Ebenen und 30 000 Quadratmetern.

Galleria ➧ H10
Grosse Bleichen 21
U1/2, S1/2/3: Jungfernstieg
✆ (040) 486 20 00
www.galleria-hamburg.de
Mo–Fr 10–19, Sa bis 18 Uhr, Gastronomie länger
Kleine, aber feine Adresse im Passagenviertel, mit kleinem Restaurant direkt am Fleet.

Hamburger Hof ➧ H10
Jungfernstieg 26–30

Europa-Passage: Deutschlands größte innerstädtische Einkaufspassage in exklusiver Lage am Ballindamm

U1/2, S1/2/3: Jungfernstieg
✆ (040) 350 16 80
www.hhof-passage.de
Hinter der neubarocken Fassade des einstigen Luxushotels Hamburger Hof entstand in den 1970er Jahren die heutige Einkaufszeile im Passagenviertel.

Hanseviertel ➧ H10
Poststraße, Große Bleichen
U1/2, S1/2/3 Jungfernstieg
✆ (040) 348 09 30
www.hanseviertel.de
Tägl. 10–20 Uhr
Beliebtes Ziel im Passagenviertel, auch wegen seiner Cafés. Der Supermarkt im Untergeschoss hat oben am Eingang einen Nobel-Snack zum Sehen und Gesehenwerden.

Levantehaus ➧ aC6
Mönckebergstr. 7
✆ (040) 32 68 16
www.levantehaus.com
Das einstige Kontorhaus, 1912 erbaut, ist zu einer Einkaufspassage umgebaut worden. Der Name entstammt dem ersten Mieter, der früheren Reederei Deutsche Levante-Linie.

Spezialgeschäfte

Burg's Kaffeerösterei und Museumsladen ➡ C8
Eppendorfer Weg 252
✆ (040) 422 11 72
www.kaffeeroesterei-burg.de
Ein Laden von 1924, in dem noch heute täglich frisch Kaffee geröstet wird. Zur Auswahl stehen über 60 Sorten. Mit Kaffeemuseum.

Ernst Brendler ➡ aD4
Große Johannisstr. 15
✆ (040) 37 34 25
www.ernst-brendler.de
Der Spezialist für die professionelle Tropenausstattung und Marine-Kleidung.

Dreckstückchen ➡ E6
Lappenbergsallee 10
✆ (040) 41 11 36 14
www.dreckstueckchen.de
Di–Fr 12–18, Sa 12–15 Uhr
Ein Kommunikationsdesigner offeriert humorvolle wie künstlerische Fußmatten.

Die Druckerei ➡ G7
Schanzenstr. 6
✆ (040) 439 68 32, www.spielzeug laden-die-druckerei.de
Aus einer Kinderbuchhandlung ist inzwischen ein Spielwarenladen mit breitem Sortiment geworden. Geblieben ist die fachkundige Beratung.

Jochen Binikowski ➡ C12
Barmbeker Str. 171
✆ (040) 46 28 52
www.buddel.de
Maritime Artikel, vor allem Buddelschiffe jeglicher Art und Größe, mit einem Buddelschiff-Museum.

Petra Teufel ➡ J10
Hohe Bleichen 13
✆ (040) 37 86 16-0
www.petrateufel.de
Für Damen und Herren, die teure und ausgefallene Avantgarde-Mode suchen.

Pfeifen-Tesch ➡ aB4
Colonnaden 10
✆ (040) 34 25 84
Das kleine, über 130 Jahre alte Geschäft birgt ein gewaltiges Angebot an Pfeifen, Tabak und allem, was dazugehört.

HSV-City Store ➡ aD5
Schmiedestr. 2 (nahe Rathaus)
Mo–Fr 10–19, Sa 10–16 Uhr
Devotionalien für Fans des einzigen Bundesligaclubs, der seit Liga-Beginn dabei ist.

Handelshaus Laegel ➡ aC/aD5
Ballindamm 40
Europa Passage
✆ (040) 37 50 38 66
Der Miniladen im Untergeschoss der Passage (und im Kaufmanns-haus, Bleichenbrücke 10) hat alles, was Freunde des Keks- und Kuchenbackens glücklich macht.

Stilwerk Hamburg ➡ K6
Große Elbstr. 68
✆ (040) 30 62 11 00
www.stilwerk.de
Mo–Fr 10–19, Sa 10–18 Uhr
27 Geschäfte auf sieben Etagen mit allem zum Thema Design und Einrichtung.

Waltraud Bethge ➡ H10
Hohe Bleichen 25
✆ (040) 31 15 52
www.bethge-hamburg.de
Mo–Fr 10–19, Sa 10–18 Uhr
Ein exquisites Angebot für Briefschreiber, vom Spezialpapier bis zur Sondertinte.

Buchhandlungen

Buchhandlung Laatzen ➡ H10
Esplanade 30
✆ (040) 44 41 60
www.buchhandlung-laatzen.de
Mo–Fr 10–19, Sa 10–15 Uhr
Neue und antiquarische Titel, speziell für Kunst, Archäologie, Reisebeschreibungen und Hamburg.

Jugendstilflair: das Levantehaus an der Mönckebergstraße

Dr. Götze Land & Karte ➠ aC5
Alstertor 14–18
☎ (040) 357 46 30
www.landundkarte.de
Großes Sortiment an Landkarten
und Reisebüchern aller Art, auch
englischsprachige Reiseführer.

Heinrich-Heine-Buchhandlung
➠ F9
Grindelallee 26
☎ (040) 441 13 30
www.heinebuch.de
Mo–Fr 10–19, Sa 10–16 Uhr
Die universitätsnahe Buchhand-
lung hat sich auf Literatur, Spra-
chen und Sozialwissenschaften
spezialisiert.

Sautter+Lackmann ➠ aD3
Admiralitätsstr. 71/72
☎ (040) 37 31 96
www.sautter-lackmann.de
Mo–Fr 10–19, Sa 11–18 Uhr
Über 40 Jahre existierende, her-
vorragende Kunstbuchhandlung.

Thalia-Buchhandlung ➠ H10
Große Bleichen 19
☎ (040) 48 50 19
www.thalia.de
Mo–Sa 10–19 Uhr
Ein »Buchkaufhaus« mit zwölf
Filialen in Hamburg, oft mit klei-
nem Café.

Wede ➠ H10
Große Bleichen 36

Im Hanse-Viertel
☎ (040) 34 32 40
www.wede-buch.de
Fachbuchhandlung für die Themen Schiff- und Luftfahrt, Eisenbahn und Automobil.

Galerien/Kunsthandel

Brockstedt ➠ F11
Magdalenenstr. 11
☎ (040) 410 40 91
www.brockstedt.com
Renommierter Spezialist für die
Kunst des 20. Jh.

Commeter ➠ aD5
Bergstr. 11
☎ (040) 32 63 21
www.commeter.de
Traditionsgalerie in der City, v. a.
zeitgenössische Kunst. Mit Foto-
galerie.

Hauswedell & Nolte ➠ E10
Pöseldorfer Weg 1
☎ (040) 413 21 00
www.hauswedell-nolte.de
Auktionsspezialist für alte Bücher
und Kunst.

Levy ➠ A8/9
Osterfeldstr. 6
☎ (040) 45 91 88
www.levy-galerie.de
Moderne Malerei und Skulptu-
ren. ■

Mit Kindern in der Stadt

Für die Zwerge nur das Beste: Hamburg Tourismus hat zwei Familien-Pauschalen im Angebot. Auch die **Hamburg Card** ist – als Gruppenkarte – für Familien sehr hilfreich, vor allem dank der Freifahrt auf den Bussen, Stadtbahnen und Hafenfähren. Aber auch die Preisnachlässe mit der Karte bei vielen Sehenswürdigkeiten entlasten die Familienkasse. Einiges ist sogar gratis und zugleich interessant für den Nachwuchs.

Generell gilt: Wenige deutsche Großstädte bieten Familien ein solch reichhaltiges Angebot an Sehenswürdigkeiten, die auch die Kinder begeistern. Dafür sorgt nicht zuletzt die Nähe zum Meer. Deshalb unterscheiden sich Urlauber-Familien in einem Punkt nicht von anderen Gästen: Der Hafen steht ganz hoch auf der Liste der geplanten Aktivitäten und Attraktionen.

Rundfahrt im Hamburger Hafen mit dem »Michel« im Hintergrund

Hafenrundfahrt

Mehrere Unternehmen bieten Touren durch Deutschlands größten Hafen, alle starten an den Landungsbrücken. Eine Besonderheit ist die **Maritime-Circle-Line**, die viermal am Tag auf einer Rundfahrt an acht Stationen anlegt, etwa beim Hafenmuseum oder im Auswanderermuseum Ballinstadt. Für € 9,50/6 können die Passagiere beliebig oft aus- und einsteigen.

Neben den organisierten Hafenrundfahrten gibt es die Möglichkeit, mit den **Elbfähren** preiswert auf kleine Fahrt zu gehen. Attraktiv sind Touren in Richtung Finkenwerder, denn dort werden Teile des Airbus gebaut und mit riesigen Jets nach Frankreich transportiert. Auch der mächtige Airbus A 380 startet und landet in Finkenwerder.

Ein »Museum zum Anfassen«: das Frachtschiff »Cap San Diego« liegt seit 1986 an der Überseebrücke

»Cap San Diego« ➜ aF1
Landungsbrücken
U-/S-Bahn: Landungsbrücken
℃ (040) 36 42 09
www.capsandiego.de
Tägl. 10–18 Uhr, Eintritt € 7/2,50
Ein Schwimmbad auf einem Frachtschiff? Ja, auf der »Cap San Diego«. Sie nahm nämlich früher nicht nur viel Ladung, sondern auch zwölf Passagiere mit über den Atlantik. Aber spannender ist für Steppkes meist die Brücke des weltweit größten seetüchtigen Museums-Frachtschiffs. Hier sind sie der Käptn, hier geben sie die Kommandos: Leinen los, ablegen und dann Kurs zum Törn in die Phantasie.

»Rickmer Rickmers« ➜ aE1
Landungsbrücken
U-/S-Bahn: Landungsbrücken
℃ (040) 319 59 59
www.rickmer-rickmers.de
Tägl. 10–18, im Sommer Fr/Sa bis 20 Uhr, Eintritt € 4/3
Der Dreimaster ist klar zum Entern, es muss ja nicht gleich auf die 53 m hohen Masten gehen. Auch an und unter Deck gibt es viel zu entdecken. Ein echter »Windjammer«. Was für ein komischer Name. Jammert der Wind in den Wanten, den Spannseilen für die Masten? Nein, das Wort stammt aus dem Englischen, *to jam the wind* bedeutet: den Wind pressen. Und genau das taten die schnellen Segler.

U-Boot »U-434« ➜ K6
Fischmarkt 10, St. Pauli
U3: St. Pauli
℃ (040) 32 00 49 34
www.U-434.de
Mo–Sa 9–20, So 11–20 Uhr, im Sommer länger, Eintritt € 9/6
Mal abtauchen? Klar, am Fischmarkt. Dort hat die »U-434« als schwimmendes Museum festgemacht, nach 26 Jahren in geheimen Missionen für das Sowjetreich. Ein echtes Jagd- und Spionage-U-Boot, 90 m Länge machen es zu einem der weltweit größten ohne Atomantrieb. Im Jahr 1976 war es vom Stapel gelaufen. 2002

Erholung und Sport
Boote, Fahrräder, Golf, Bäder und Wellness

»Hamburg ist eine Feelgood City«, sagt der Amerikaner, der bei Bobby Reich die Beine vom Bootssteg baumeln lässt. Eine Wohlfühlstadt, wie richtig. Für die Sportiven gibt es außer alpinen Disziplinen kaum eine Sportart, der man nicht frönen könnte. In nicht vielen Metropolen Deutschlands kann man mitten in der Stadt ein Segelboot mieten und hart am Wind kreuzen.

Wer es entspannter mag, besucht einen der Beachclubs oder die Parks der Stadt. Und so richtig zum Verwöhnen dienen die vielen Spas in den großen Hotels oder außerhalb. Nicht zu vergessen Hamburgs Kirchen, die meist ganztägig geöffnet und Oasen für Ruhe und Meditation sind. Feelgood für die Seele.

Sport

Imtech Arena
Vgl. S. 40.

Bootsverleih:

Bobby Reich ➡ D11
Fernsicht 2, U1: Klosterstein
✆ (040) 48 78 24
www.bobbyreich.de
Verleih von Ruder- und Segelbooten an der Außenalster. Bei schönem Wetter ist die Terrasse des Restaurants am Wasser beliebt.

Segelschule Pieper ➡ H11
An der Alster/Atlantic Steg

U2/4: Hbf. Nord
✆ (040) 24 75 78
www.segelschule-pieper.de
Hamburgs älteste Segelschule liegt in der Außenalster direkt vor dem Atlantic Hotel. Hier haben Generationen von Hanseaten das Segelsetzen gelernt. Im Verleih sind neben Jollen auch Ruder- oder Tretboote.

Kanuverleih Gadermann
➡ nördl. C15
Hummelsbütteler Steindamm 70
U1: Langhorn-Markt, dann Bus 192: Glashütter Markt, dann ca. 12 Min. zu Fuß
✆ (040) 52 98 30 06

Segelclub am Ufer der Außenalster

Hafenrundfahrt

Mehrere Unternehmen bieten Touren durch Deutschlands größten Hafen, alle starten an den Landungsbrücken. Eine Besonderheit ist die **Maritime-Circle-Line**, die viermal am Tag auf einer Rundfahrt an acht Stationen anlegt, etwa beim Hafenmuseum oder im Auswanderermuseum Ballinstadt. Für € 9,50/6 können die Passagiere beliebig oft aus- und einsteigen.

Neben den organisierten Hafenrundfahrten gibt es die Möglichkeit, mit den **Elbfähren** preiswert auf kleine Fahrt zu gehen. Attraktiv sind Touren in Richtung Finkenwerder, denn dort werden Teile des Airbus gebaut und mit riesigen Jets nach Frankreich transportiert. Auch der mächtige Airbus A 380 startet und landet in Finkenwerder.

Ein »Museum zum Anfassen«: das Frachtschiff »Cap San Diego« liegt seit 1986 an der Überseebrücke

»Cap San Diego« ➔ aF1

Landungsbrücken
U-/S-Bahn: Landungsbrücken
☎ (040) 36 42 09
www.capsandiego.de
Tägl. 10–18 Uhr, Eintritt € 7/2,50
Ein Schwimmbad auf einem Frachtschiff? Ja, auf der »Cap San Diego«. Sie nahm nämlich früher nicht nur viel Ladung, sondern auch zwölf Passagiere mit über den Atlantik. Aber spannender ist für Steppkes meist die Brücke des weltweit größten seetüchtigen Museums-Frachtschiffs. Hier sind sie der Käptn, hier geben sie die Kommandos: Leinen los, ablegen und dann Kurs zum Törn in die Phantasie.

»Rickmer Rickmers« ➔ aE1

Landungsbrücken
U-/S-Bahn: Landungsbrücken
☎ (040) 319 59 59
www.rickmer-rickmers.de
Tägl. 10–18, im Sommer Fr/Sa bis 20 Uhr, Eintritt € 4/3
Der Dreimaster ist klar zum Entern, es muss ja nicht gleich auf die 53 m hohen Masten gehen. Auch an und unter Deck gibt es viel zu entdecken. Ein echter »Windjammer«. Was für ein komischer Name. Jammert der Wind in den Wanten, den Spannseilen für die Masten? Nein, das Wort stammt aus dem Englischen, *to jam the wind* bedeutet: den Wind pressen. Und genau das taten die schnellen Segler.

U-Boot »U-434« ➔ K6

Fischmarkt 10, St. Pauli
U3: St. Pauli
☎ (040) 32 00 49 34
www.U-434.de
Mo–Sa 9–20, So 11–20 Uhr, im Sommer länger, Eintritt € 9/6
Mal abtauchen? Klar, am Fischmarkt. Dort hat die »U-434« als schwimmendes Museum festgemacht, nach 26 Jahren in geheimen Missionen für das Sowjetreich. Ein echtes Jagd- und Spionage-U-Boot, 90 m Länge machen es zu einem der weltweit größten ohne Atomantrieb. Im Jahr 1976 war es vom Stapel gelaufen. 2002

Erholung und Sport
Boote, Fahrräder, Golf, Bäder und Wellness

»Hamburg ist eine Feelgood City«, sagt der Amerikaner, der bei Bobby Reich die Beine vom Bootssteg baumeln lässt. Eine Wohlfühlstadt, wie richtig. Für die Sportiven gibt es außer alpinen Disziplinen kaum eine Sportart, der man nicht frönen könnte. In nicht vielen Metropolen Deutschlands kann man mitten in der Stadt ein Segelboot mieten und hart am Wind kreuzen.

Wer es entspannter mag, besucht einen der Beachclubs oder die Parks der Stadt. Und so richtig zum Verwöhnen dienen die vielen Spas in den großen Hotels oder außerhalb. Nicht zu vergessen Hamburgs Kirchen, die meist ganztägig geöffnet und Oasen für Ruhe und Meditation sind. Feelgood für die Seele.

Sport

Imtech Arena
Vgl. S. 40.

Bootsverleih:

Bobby Reich ➡ D11
Fernsicht 2, U1: Klosterstein
℘ (040) 48 78 24
www.bobbyreich.de
Verleih von Ruder- und Segelbooten an der Außenalster. Bei schönem Wetter ist die Terrasse des Restaurants am Wasser beliebt.

Segelschule Pieper ➡ H11
An der Alster/Atlantic Steg

U2/4: Hbf. Nord
℘ (040) 24 75 78
www.segelschule-pieper.de
Hamburgs älteste Segelschule liegt in der Außenalster direkt vor dem Atlantic Hotel. Hier haben Generationen von Hanseaten das Segelsetzen gelernt. Im Verleih sind neben Jollen auch Ruder- oder Tretboote.

Kanuverleih Gadermann
➡ nördl. C15
Hummelsbütteler Steindamm 70
U1: Langhorn-Markt, dann Bus 192: Glashütter Markt, dann ca. 12 Min. zu Fuß
℘ (040) 52 98 30 06

Segelclub am Ufer der Außenalster

www.gadermann.de
Kanus und Kajaks hat der Verleiher im Angebot. Für das Alster-Revier gibt es auch ausgearbeitete Tourenvorschläge. Der Verleih liegt nicht direkt am Wasser, deshalb kommen meist Transportkosten hinzu.

Fahrradverleih:

Hamburg hat mehrere Verleihfirmen, in der Innenstadt z. B.:

StadtRad Hamburg ➡ aC7
Hbf. Ost/Hachmannplatz
U-/S-Bahn: Hauptbahnhof
☎ (040) 822 18 81 00
www.stadtrad.hamburg.de
Erste 30 Minuten gratis.

Motorstation Altona ➡ H7
Thadenstr. 90
U3: Feldstraße
☎ (040) 439 20 12
www.fahrradverleih-altona.de

Golf:

Steigenberger Hotel Treudelberg ➡ cB4
Lemsahler Landstr. 45
Bei Poppenbüttel
S1: Poppenbüttel, dann Bus 176, 276: Treudelberg
☎ (040) 608 22-88 77
www.treudelberg.com

Rund um Hamburg bieten sich mehr als 50 Anlagen für eine Runde Golf an

Golfclub auf der Wendlohe ➡ cB3
Oldesloer Str. 251
U2: Niemdorf Nord
☎ (040) 552 89 66
www.wendlohe.de
Ein 27-Loch-Platz, auf dem Gäste gern gesehen sind – allerdings nicht in Jeans und ärmellosen Hemden. Wer mag, kann sich auch auf 9 oder 18 Loch beschränken. Informationen über jeder-

Hamburger genießen ihre Außenalster bei Wassersport und Sonnenbad

mann zugängliche Plätze bietet die **Vereinigung clubfreier Golfer** (www.vcg.de).

Schwimmbäder

Alster-Schwimmhalle ➤ G13
Ifflandstr. 21
U1/2: Lübecker Straße
✆ (040) 22 30 12
www.baederland.de
Mo–Fr 6.30–23, Sa/So 8–23 Uhr
Die Alsterschwimmhalle, wegen ihrer Architektur auch »Schwimmoper« genannt, ist das größte unter den 27 Frei- und Hallenbädern in Hamburg.

Holthusenbad ➤ C10
Goernestr. 21
U1/3: Kellinghusenstraße
✆ (040) 18 88 90
www.baederland.de
Tägl. 8–22, im Winter bis 23 Uhr
Das Bad in Eppendorf ist eine klassische Schwimmhalle mit Nostalgie-Effekt, aber moderner Ausstattung inklusive Wellenanlage, Sauna, Freiluftpool, Thermalpools.

Stadtstrände

Beim Metropolentrend zu Beach-clubs mit aufgeschüttetem Sand macht Hamburg eifrig mit. Stand bei Drucklegung dieser Ausgabe: 13 Strandoasen inmitten der Stadt (aktuelle Angaben unter: www.hamburg.de/beachclubs), zu den bereits alteingesessenen Locations zählen dabei:

Hamburg City Beach Club ➤ K7
St.-Pauli-Landungsbrücken
U-/S-Bahn: Landungsbrücken
www.hamburgcitybeachclub.de
Der Veteran unter den Stränden auf Pflaster, hier auf einem Parkplatz, liegt direkt an der Elbe und gilt als einer der besten Deutschlands.

Hamburg del Mar ➤ K5
Große Elb-, Ecke Van-Der-Smissen-Straße
S1/3: Königsstraße
www.hamburg-del-mar.de
Der Nachbar des City Beach Club liegt ebenso unmittelbar am Strom. Und wie beim Nachbarn gibt es auch ein Restaurant. Der Dritte im Bunde auf dem Parkplatz ist Lago Bay.

StrandPauli ➤ K7
Hafenstr. 89
U-/S-Bahn: Landungsbrücken
www.strandpauli.de

Chillen nach Feierabend im Beachclub an der Elbe

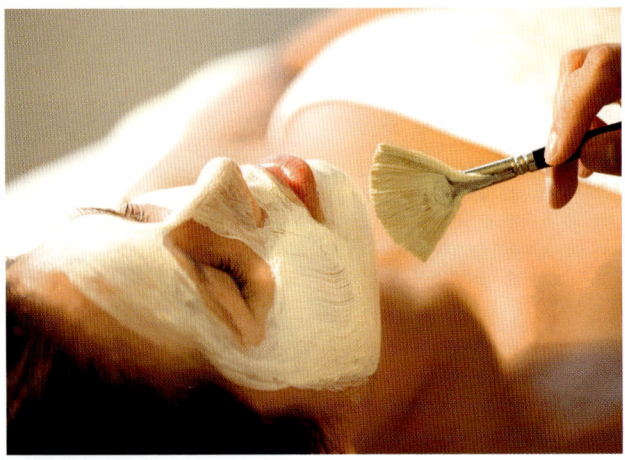

Entspannung vom Großstadttrubel

Der Beach Club liegt zwischen den Landungsbrücken und der einstigen Fischauktionshalle. Mi und So mit Livemusik, Di ist Tango angesagt.

Veritas Beach Club ➠ cE3
Veritaskai
S3: Harburg Rathaus, dann Bus 154: Schellerdamm
www.hornbachers.net
Im Harburger Hafen an zwei Seiten von Wasser umgeben bietet die 3000 m² große Anlage auch zwei Beach-Volleyball-Felder.

Spas und Wellness

Alle größeren Hotels der Luxusklasse haben Wellness-Zentren, teil mit, teils ohne Swimmingpool. Die meisten stehen gegen Gebühr auch Gästen offen. Daneben gibt es zahlreiche private Spas, die häufig mit Fitnessketten oder Sportschulen verbunden sind. Zu den bekannteren zählen:

Aspria Alstertal ➠ cB4
Rehagen 20
U1: Langenhorn Markt, dann Bus 24: Brillkamp
℅ (040) 52 01 90 10
www.aspria-hamburg.de
Der Club bietet neben Fitnessgeräten und zahlreichen Spa-Anwendungen auch ein Schwimmbad und ein 30 °C warmes Thermalbecken. Eine Besonderheit ist die Tennishalle.

Club Olympus Spa ➠ aD6
Bugenhagenstr. 8
U-/S-Bahn: Hauptbahnhof
℅ (040) 33 32 17 36
www.hamburg.park.hyatt.de
Die Anlage findet sich im Park Hyatt Hotel in der City. Neben den üblichen Saunen und Fitness-Anlagen gibt es auch ein Hallenbad und ein Aerobicstudio. Tagesgäste sind willkommen.

Kaifu-Lodge ➠ E7
Bundesstr. 107
U2: Schlemp, dann Bus 4: Kaiser-Friedrich-Ufer
℅ (040) 40 12 81
www.kaifu-lodge.de
Die Anlage offeriert zwar auch Massagen und Kosmetikanwendungen, doch der sportliche Akzent mit Kletterwand und Squashhalle steht im Vordergrund. ▪

Daten zur Stadtgeschichte

810 An der Alster lässt Karl der Große ein Wehrlager errichten. Das Gelände war vermutlich zuvor schon von sächsischen Stämmen besiedelt.

825 Die Hammaburg entsteht. Erst in den 80er-Jahren des 20. Jahrhunderts wurden ihre Fundamente unter einem Parkplatz freigelegt und archäologisch untersucht.

834 Bischofssitz unter dem Benediktiner Ansgar, nach Wikingerangriffen muss er sich 845 nach Bremen zurückziehen.

964 Papst Benedict V. wird von Kaiser Otto I. nach Hamburg verbannt und stirbt dort nach einigen Monaten.

1043 Hamburg, die »gesegnete Mutter aller Völker des Nordens«, wird Zentrum der nordischen Mission, zugleich knüpft es Handelsbeziehungen mit dem Norden bis nach Finnland und Grönland.

1072 Der Tod von Erzbischof Adalbert führt zum Ende des Missionszentrums.

1111 Die Grafen von Schauenburg, die Gebieter über Stormarn und Holstein, erhalten Hamburg zum Lehen, bauen die Stadt aus und lassen einen Hafen anlegen.

1189 Ein Freibrief von Kaiser Friedrich Barbarossa gewährt Hamburg die Zollfreiheit auf der Unterelbe. Der 7. Mai wird alljährlich als Hafengeburtstag gefeiert.

Karl d. Gr. – hier auf einem Gemälde von Albrecht Dürer (um 1512, Germanisches National-museum, Nürnberg) – lässt 810 an der Alster ein Wehrlager errichten

Kaiser Friedrich I. Barbarossa, hier mit seinen Söhnen König Heinrich VI. und Herzog Friedrich von Schwaben, gewährt Hamburg 1189 die Zollfreiheit auf der Unterelbe

»Hamburga« auf einem Kupferstich von Georg Braun und Frans Hogenberg (Köln, 1572)

1201   Dänische Statthalter übernehmen bis 1227 die Herrschaft in Hamburg.

1227   Adolf IV. besiegt gemeinsam mit den Hamburgern und Lübeckern bei Bornhöved die Dänen.

1292   Die Stadt erhält ihre eigene Gerichtsbarkeit und kauft den Schauenburgern immer mehr Rechte und Privilegien ab.

1310   Zum Schutz der Handelsschifffahrt baut Hamburg auf seiner Nordsee-Insel Neuwerk einen Turm, heute das älteste Bauwerk der Stadt. Einige Jahre später erobert Hamburg die Festung Ritzebüttel, das heutige Cuxhaven. Damit kontrolliert Hamburg die für den Hafen so wichtige Elbmündung.

1321   Hamburg schließt sich der Hanse an, die sich im 12. Jahrhundert aus Schutzbündnissen von Kaufleuten auf Gotland und in London entwickelt hatte.

1400/1   Mit Bremen und Lübeck rüstet Hamburg eine Flotte gegen die Piraten Störtebeker und Michels aus, beide werden gefasst und auf dem Grasbrook enthauptet.

1459   Nach dem Aussterben des Geschlechts der Schauenburger betreibt Hamburg eine »Schaukelpolitik« zwischen dänischen und deutschen Herrschern.

1510   Der Augsburger Reichstag bestätigt Hamburgs Stellung als freie Reichsstadt.

1523   Beginn der Reformation in Hamburg: Steffen Kempe, ein Franziskaner aus Rostock, predigt erstmals die neue Lehre, die sich binnen fünf Jahren durchsetzt.

1558   Die erste Börse Deutschlands und Nordeuropas wird in Hamburg gegründet.

1616   Festungsbaumeister Johann van Valkenborgh beginnt den Bau der Wallanlagen, ihnen verdankt Hamburg seine relative Sicherheit im Dreißigjährigen Krieg.

1619   Mit der Hamburger Bank wird die erste Girobank in Deutschland etabliert.

1664   Dänemark verleiht Altona Stadt- und Hafenrecht, um eine Konkurrenz zu Hamburg aufzubauen und von dessen blühendem Handel zu profitieren.

1665   In Hamburg wird die »Kommerzdeputation« als erste Handelskammer Deutschlands gegründet.

1712   Der »Hauptrezess« sichert eine gemeinsame Herrschaft von Bürgerschaft und Rat.

1721   Georg Philipp Telemann wird Kirchenmusikdirektor in Hamburg.

1767 Gotthold Ephraim Lessing kommt als Dramaturg an das Deutsche Nationaltheater.

1768 Hamburg kauft den Dänen deren formelle Souveränität über die Stadt ab.

1770 Der populäre Dichter Friedrich Gottlieb Klopstock zieht nach Hamburg.

Ein Großbrand legt 1842 ein Drittel der Stadt in Asche

1771 Matthias Claudius schreibt bis 1775 den »Wandsbeker Boten« und andere Werke.

1806 Der Zerfall des Deutsches Reichs gibt Hamburg die volle Souveränität. Die Stadt wird bis 1814 von Napoleons Truppen besetzt.

1815 Hamburg tritt dem Deutschen Bund bei.

1816 Das erste Dampfschiff aus England legt im Hamburger Hafen an.

1833 Johannes Brahms wird im Gängeviertel der Neustadt geboren.

1836 Hamburgs Reedereien nehmen den Linienverkehr nach New York auf.

1842 Ein Großbrand legt ein Drittel der Stadt in Asche.

1847 Gründung der HAPAG, die bei Ausbruch des Ersten Weltkriegs die größte Reederei der Welt sein wird.

1856 Der Reeder und Kaufmann Godeffroy entsendet einen Repräsentanten nach Samoa, Vorstufe der deutschen Südseekolonie.

Hamburg St. Pauli: der Spielbudenplatz um 1900

Zuckerumrandete Lebkuchenherzen auf dem Hamburger Dom

Land finden immer in »geraden« Jahren statt.

August/September
Alstervergnügen ➡ aC4
Festival mit Kultur-Anklängen auf dem Jungfernstieg (U-/S-Bahn: Jungfernstieg).

September
Hamburger Stadtpark-Revival ➡ A13
In Erinnerung an die früheren Motorsport-Veranstaltungen im Stadtpark finden hier an einem Wochenende Rennen mit Auto- und Motorrad-Oldtimern statt.

Silvester
Tausende versammeln sich in der Silvesternacht am Hafen, zur Mitternacht ertönen dann die Glocken und die Schiffssirenen (U-Bahn: Landungsbrücken).

Zu den Veranstaltungs-Höhepunkten zählen selbstverständlich die Heimspiele des Hamburger Sport-Vereins (HSV) in der **Imtech Arena** ➡ C1 und der Eishockey-Cracks der Hamburg Freezers in der **O₂ World Hamburg Arena** ➡ B1.

Messen:

Allgemeine Informationen über Messen und sonstige Veranstaltungen auf dem Messegelände ➡ aA/aB2 unter www.hamburgmesse.de, U-/S-Bahn: Sternschanze, U-Bahn: Messehallen.

Februar
Reisen Hamburg
Regionale Touristikmesse mit internationaler Beteiligung, jährlich.

März
Internorga
Internationale Fachmesse für Gastronomie und Nahrungsmittel, jährlich.

April
Hansepferd Hamburg
Internationale Messe für Pferdezucht und -haltung, alle zwei Jahre in geraden Jahren.

Oktober/November
Hanseboot
Internationale Bootsausstellung, jährlich.

November
Du und Deine Welt
Beliebte Familienausstellung, jährlich.

Dezember
mineralien hamburg
Verkauf und Ausstellung von Mineralien, Edelsteinen etc., jährlich.

Hinweise für Menschen mit Behinderungen

Die Landesarbeitsgemeinschaft für Behinderte gibt einen Stadtführer speziell für behinderte Reisende heraus, Auskunft erhält man unter ✆ (040) 29 99 56 66. Weitere Informationen unter www.lagh-hamburg.de.

Beim Deutschen Derby auf der Galopprennbahn Hamburg-Horn

Innenstadt ist wegen seines Volksfestcharakters sehr beliebt.

Mai

Deutsches Springderby ➡ cC2
Alljährlich im Mai auf dem Turnierplatz der Reiter in Klein Flottbek (S-Bahn: Klein Flottbek).

Hafengeburtstag ➡ K7
Volksfest an den St.-Pauli-Landungsbrücken zur Erinnerung an den 7. Mai 1189, an dem Kaiser Barbarossa den Hamburgern das Hafenrecht zugesprochen haben soll (U-Bahn: Landungsbrücken).

Kirschblütenfest
Das von den japanischen Firmen in Hamburg gespendete Feuerwerk lässt Tausende von Hanseaten zur Alster pilgern.

Hamburger Spring- und Dressur-Derby
Bei dem Klassiker starten Reiter der Spitzenklasse und Pferdefreunde aus ganz Norddeutschland reisen an.

Juni

Polo-Turnier ➡ cC2
Der traditionsreiche Polo-Club veranstaltet das bekannteste unter den wenigen Turnieren dieser Pferdesportart im Juni in Klein Flottbek (S-Bahn: Klein Flottbek).

Juni/Juli

Deutsches Derby ➡ cC4
Das höchst dotierte Rennen in Deutschland für dreijährige Vollblutpferde auf der Horner Rennbahn (U-Bahn: Horner Rennbahn, www.galopp-hamburg.de).

Juli

German Open ➡ E10
Ein seit den Erfolgen von Boris Becker mit Weltklassespielern besetztes Turnier auf der Tennisanlage Rothenbaum (U-Bahn: Hallerstraße, http:// bet-at-home-open.com).

Hummelfest ➡ H8
Volksfest auf dem Heiliggeistfeld. Die Hamburger nennen solche Rummelplätze »Dom«. Zwei weitere finden im März und im November an dieser Stelle statt.

August

Christopher Street Day
Die bunte dreitägige Party der Schwulen und Lesben zieht eine Viertelmillion Besucher an. Höhepunkte sind ein Straßenfest auf dem Jungfernstieg und eine Parade.

Hamburg Cruise Days
Die Kreuzfahrttage mit Schiffsparaden und Veranstaltungen an

Gespannt verfolgen Zuschauer das Pferde-Spektakel in Horn

Airport Office ➔ cB/cC3
Airport Plaza zwischen Terminals 1 und 2, tägl. 6–23 Uhr

In den Tourist Informationen ist auch die **Hamburg CARD** (vgl. Verkehrsmittel S. 91) erhältlich. Die Informationsstellen geben auch Auskunft über die vielen und oft wechselnden Rundgänge und -fahrten Dazu gehören beispielsweise Touren mit Fahrrad-Rikschas oder Segway-Touren, bei denen jeder Teilnehmer auf einer elektrisch angetriebenen kleinen Plattform steht. Andere Touren haben spezielle Themen, etwa Comedy oder Schmuggel, Architektur-Rundgänge oder geführte Wanderungen durch den 140 Hektar großen Stadtpark.

CCH Konzertkasse/Tourist Information am Dammtor-Bahnhof ➔ aA4

Auslaufparade während des Hafengeburtstags

Dag-Hammerskjöld-Platz
Mo–Fr 8–19.45, Sa 10–16 Uhr

Rundgänge per Handy
Hamburg bietet eine Stadtführung für Handys an, die kostenlos im Internet (www.hamburg-tourismus. de) heruntergeladen werden kann. Das geht entweder via Computer oder man lässt sich den Führer per SMS direkt aufs Handy schicken. Unter dem Suchwort »App« finden sich auch andere mobile Info-Angebote – auch zu Events wie den Cruise Days.

Websites
www.hamburg.de
www.hamburg-tourismus.de
Gute Auskünfte gibt es auch unter www.hamburg-magazin.de

Feste, Veranstaltungen, Messen

Feste, Veranstaltungen:

Januar/Februar
Eislaufen auf der Alster
Wenn die Alster mindestens 15 cm dick zufriert, strebt halb Hamburg aufs Eis und zu den Glühweinbuden, mit und ohne Schlittschuhe.

März/April
Frühlingsdom ➔ H/J8
Volksfest während der beiden Wochen vor Ostern auf dem Heiliggeistfeld (U-Bahn: St. Pauli).
Osterfeuer
Einer norddeutschen Tradition gemäß werden vor Ostern am Elbufer unterhalb der City Äste und Holz aufgestapelt. Am Ostersamstag brennen dann am Elbufer die großen Holzhaufen – ein beliebter Treffpunkt. Die Osterfeuer sollen symbolisch den Winter vertreiben.

April
Hamburg-Stadt-Marathon
Der Langstreckenlauf durch die

Minuten, ansonsten im 20-Minuten-Takt. Die S-Bahn ist Partner im Hamburger Verkehrsverbund (HVV), deshalb gelten auch für die Flughafenstrecke die Verbundtickets.

Der **Hauptbahnhof** ist ein modernes Transportzentrum. Hier hat die Bahn aus ihren Fehlern gelernt, die sie machte, als sie den Traditionsbahnhof Altona (auch Auto-Reisezug-Station) quasi in einem Kaufhaus verschwinden ließ. Im Hauptbahnhof wurde die alte Bausubstanz erhalten. Hamburg ist eng verknüpft mit dem ICE-Netz, auch alle wichtigen Skandinavien-Verbindungen laufen über die Stadt.

Das gilt ebenso für die meisten nach Norden führenden **Straßenverbindungen**, wenngleich die Autobahn-Hauptrouten gen Dänemark oder zu den Schweden-Fähren bereits vor der City abzweigen und entweder südlich (Richtung Lübeck) oder nördlich (Richtung Kiel) am Stadtkern vorbeiführen. Ein Stutzen der von Süden kommenden Autobahnen A1 und A7 führt jedoch unmittelbar an das Zentrum heran.

Galionsfigur des Museumsschiffs »Rickmer Rickmers«

Auskunft

Hamburg Service Center
℡ (040) 300 51-701
Mo–Sa 9–19 Uhr
www.hamburg-tourismus.de
Reservierungen von Hotels, Musical-Tickets etc.

Tourist Information im Hauptbahnhof ➡ H11/12
Hauptausgang zur Kirchenallee
Mo–Sa 9–19, So 10–18 Uhr

Tourist Information am Hafen
➡ K7
St.-Pauli-Landungsbrücken, zwischen Brücke 4 und 5
Tägl. 9–18, Do–Sa bis 19 Uhr

Blick von der Nikolaikirche auf die Rückseite des Hamburger Rathauses und auf Binnen- und Außenalster im Hintergrund

Hamburg in Zahlen und Fakten

Alter: rund 1200 Jahre

Brücken: etwa 2300 – mehr als Venedig oder Amsterdam

Einwohner: rund 1,7 Mio., nach Berlin die größte Stadt der Bundesrepublik Deutschland

Fläche: 755 km^2, davon 60 km^2 Wasserfläche, fast die Hälfte des Landareals ist Grünfläche, höchste Erhebung sind die Harburger Berge mit 116 m

Hochschulen: gut 75 000 Studierende an 20 Hochschulen

Höchstes Bauwerk: Heinrich-Hertz-Fernsehturm mit 279,8 m

Konsulate: rund 105 – Hamburg ist der zweitgrößte Konsularplatz der Welt

Medien: mit rund 6200 Unternehmen in Presse, Film, Funk, Werbung und Musikwirtschaft eines der Medienzentren Deutschlands

Schulen: 781 Grund-, Ober-, Sonder- und Berufsschulen

Städtepartnerschaften: St. Petersburg, Marseille, Shanghai, Dresden, León, Osaka, Prag, Chicago und Dar es Salaam

Theater: mehr als 40 Spielstätten vom kleinsten bis zum größten Sprechtheater im deutschsprachigen Raum, täglich insgesamt etwa 15 000 Plätze

Touristen: mehr als 5 Mio. Übernachtungsgäste und weit mehr als 100 Mio. Tagesgäste

Wirtschaft: gut 1,1 Mio. Beschäftigte, rund ein Drittel sind Pendler

Anreise

Die stilvollste Art, sich Hamburg zu nähern, ist natürlich auf Deck und mit zwei Handbreit Wasser unterm Kiel. Da aber nur noch die Helgoland-Schiffe und Kreuzfahrtdampfer diese Möglichkeit bieten, sind die meisten Reisenden auf Verkehrsmittel wie Auto, Bahn oder Flugzeug angewiesen.

Hamburgs **Flughafen in Fuhlsbüttel** ➡ cB/cC3 (www.airport.de) unterhält gute Verbindungen zu den anderen deutschen und europäischen Metropolen und hat überdies den Vorteil, relativ nahe (13 km) an der City zu liegen.

Die S-Bahn S1 verbindet den Airport in 25 Minuten mit dem Hauptbahnhof. Sie verkehrt zwischen 6 und 23 Uhr alle 10

1867 Hamburg schließt sich dem Norddeutschen Bund an.

1888 Die Stadt beschließt einen Zollanschluss an das Deutsche Reich und baut zugleich einen Freihafen.

1892 Eine Cholera-Epidemie endet mit rund 8600 Todesfällen.

1897 Einweihung des neuen, heutigen Rathauses.

1911 Der erste Elbtunnel wird nach vier Jahren Bauzeit dem Verkehr übergeben.

1919 Gründung der Hamburger Universität.

1923 Der Hafen hat wieder seine Vorkriegstonnage erreicht. Die Kommunisten versuchen erfolglos einen Putsch.

1934 Die Nationalsozialisten werden zur stärksten Partei in Hamburg, die Bürgerschaft wird aufgelöst.

1937 Das »Groß-Hamburg-Gesetz« gliedert die preußischen Städte Altona, Harburg und Wandsbek nebst 27 anderen Gemeinden ins Hamburger Gebiet ein. Die Stadt muss dafür einige Gebiete, beispielsweise Geesthacht und Cuxhaven (ohne den Amerika-Hafen), abgeben.

1943 Die Bombenangriffe auf Hamburg beginnen. Im »Feuersturm« vom 24. bis zum 30. Juli kommen rund 35 000 Menschen um. Stadt und Hafen sind größtenteils zerstört.

1946 Die SPD gewinnt die erste Bürgerschaftswahl nach dem Krieg.

1949 Hamburg wird Bundesland der Bundesrepublik Deutschland.

1955 Gustaf Gründgens übernimmt die Intendanz des Deutschen Schauspielhauses.

1962 Eine Flutkatastrophe fordert 315 Opfer.

1974 Die an 130 Meter hohen Pylonen hängende Köhlbrandbrücke wird für den Verkehr freigegeben. Bei Niedrigwasser bietet sie eine Durchfahrthöhe von 54 Metern und damit auch Platz für Großschiffe.

1975 Der neue Elbtunnel wird nach siebenjähriger Bauzeit eröffnet. Er ist 3,3 Kilometer lang und unterquert den Strom in maximal 27 Metern Tiefe.

1980 In Maschen wird der größte Rangierbahnhof Europas fertiggestellt.

1989 Hamburg feiert »800 Jahre Hafen«.

2008 Im Hafen eröffnet das Internationale Maritime Museum mit einer der weltweit größten Sammlungen dieser Art. Im Rahmen des Stadtentwicklungsprojekts HafenCity entsteht dort ebenfalls die architektonisch eindrucksvolle Elbphilharmonie.

2013 Mit der Internationalen Gartenschau erhält die Elbinsel Wilhelmsburg einen großen Park und ein Sportzentrum. ■

Die Fertigstellung der Elbphilharmonie am Kaispeicher A ist für 2016 geplant

1867	Hamburg schließt sich dem Norddeutschen Bund an.
1888	Die Stadt beschließt einen Zollanschluss an das Deutsche Reich und baut zugleich einen Freihafen.
1892	Eine Cholera-Epidemie endet mit rund 8600 Todesfällen.
1897	Einweihung des neuen, heutigen Rathauses.
1911	Der erste Elbtunnel wird nach vier Jahren Bauzeit dem Verkehr übergeben.
1919	Gründung der Hamburger Universität.
1923	Der Hafen hat wieder seine Vorkriegstonnage erreicht. Die Kommunisten versuchen erfolglos einen Putsch.
1934	Die Nationalsozialisten werden zur stärksten Partei in Hamburg, die Bürgerschaft wird aufgelöst.
1937	Das »Groß-Hamburg-Gesetz« gliedert die preußischen Städte Altona, Harburg und Wandsbek nebst 27 anderen Gemeinden ins Hamburger Gebiet ein. Die Stadt muss dafür einige Gebiete, beispielsweise Geesthacht und Cuxhaven (ohne den Amerika-Hafen), abgeben.
1943	Die Bombenangriffe auf Hamburg beginnen. Im »Feuersturm« vom 24. bis zum 30. Juli kommen rund 35 000 Menschen um. Stadt und Hafen sind größtenteils zerstört.
1946	Die SPD gewinnt die erste Bürgerschaftswahl nach dem Krieg.
1949	Hamburg wird Bundesland der Bundesrepublik Deutschland.
1955	Gustaf Gründgens übernimmt die Intendanz des Deutschen Schauspielhauses.
1962	Eine Flutkatastrophe fordert 315 Opfer.
1974	Die an 130 Meter hohen Pylonen hängende Köhlbrandbrücke wird für den Verkehr freigegeben. Bei Niedrigwasser bietet sie eine Durchfahrthöhe von 54 Metern und damit auch Platz für Großschiffe.
1975	Der neue Elbtunnel wird nach siebenjähriger Bauzeit eröffnet. Er ist 3,3 Kilometer lang und unterquert den Strom in maximal 27 Metern Tiefe.
1980	In Maschen wird der größte Rangierbahnhof Europas fertiggestellt.
1989	Hamburg feiert »800 Jahre Hafen«.
2008	Im Hafen eröffnet das Internationale Maritime Museum mit einer der weltweit größten Sammlungen dieser Art. Im Rahmen des Stadtentwicklungsprojekts HafenCity entsteht dort ebenfalls die architektonisch eindrucksvolle Elbphilharmonie.
2013	Mit der Internationalen Gartenschau erhält die Elbinsel Wilhelmsburg einen großen Park und ein Sportzentrum. ■

Die Fertigstellung der Elbphilharmonie am Kaispeicher A ist für 2016 geplant

Zuckerumrandete Lebkuchenher-zen auf dem Hamburger Dom

Land finden immer in »geraden« Jahren statt.

August/September
Alstervergnügen → aC4
Festival mit Kultur-Anklängen auf dem Jungfernstieg (U-/S-Bahn: Jungfernstieg).

September
Hamburger Stadtpark-Revival → A13
In Erinnerung an die früheren Motorsport-Veranstaltungen im Stadtpark finden hier an einem Wochenende Rennen mit Auto- und Motorrad-Oldtimern statt.

Silvester
Tausende versammeln sich in der Silvesternacht am Hafen, zur Mitternacht ertönen dann die Glocken und die Schiffssirenen (U-Bahn: Landungsbrücken).

Zu den Veranstaltungs-Höhepunkten zählen selbstverständlich die Heimspiele des Hamburger Sport-Vereins (HSV) in der **Imtech Arena** → C1 und der Eishockey-Cracks der Hamburg Freezers in der **O₂ World Hamburg Arena** → B1.

Messen:

Allgemeine Informationen über Messen und sonstige Veranstaltungen auf dem Messegelände → aA/aB2 unter www.hamburg-messe.de, U-/S-Bahn: Sternschanze, U-Bahn: Messehallen.

Februar
Reisen Hamburg
Regionale Touristikmesse mit internationaler Beteiligung, jährlich.

März
Internorga
Internationale Fachmesse für Gastronomie und Nahrungsmittel, jährlich.

April
Hansepferd Hamburg
Internationale Messe für Pferdezucht und -haltung, alle zwei Jahre in geraden Jahren.

Oktober/November
Hanseboot
Internationale Bootsausstellung, jährlich.

November
Du und Deine Welt
Beliebte Familienausstellung, jährlich.

Dezember
mineralien hamburg
Verkauf und Ausstellung von Mineralien, Edelsteinen etc., jährlich.

Hinweise für Menschen mit Behinderungen

Die Landesarbeitsgemeinschaft für Behinderte gibt einen Stadtführer speziell für behinderte Reisende heraus, Auskunft erhält man unter ℰ (040) 29 99 56 66. Weitere Informationen unter www.lagh-hamburg.de.

Klima

Das berüchtigte »Hamburger Schmuddelwetter« ist ein feiner, durchdringender Nieselregen, der den Eindruck erwecken kann, die Stadt sei ein typisches Regenloch.

Die Statistik beweist das Gegenteil: Im Durchschnitt hat Hamburg 740 mm Niederschlag – Garmisch-Partenkirchen bringt es auf gut ein Drittel mehr. Der regenreichste Monat ist statistisch der Juli, aber auch er bringt es wie die Monate Mai, Juni und August auf täglich sechs bis sieben Stunden Sonnenschein. Die Winter sind dank der Meernähe selten frostreich.

Notfälle, wichtige Rufnummern

Notruf ℂ 112
Ärztlicher Notdienst
  ℂ (040) 22 80 22
Zahnärztlicher Notdienst
  ℂ 018 05-05 05 18 (19–1 Uhr)
Taxi-Zentralen ℂ (040) 21 12 11, 44 10 11 oder 66 66 66
Bahnauskunft: www.bahn.de
Hamburger Verkehrs-Verbund
  ℂ (040) 194 49, www.hvv.de
Flughafenauskunft ℂ (040) 50 75-0, www.airport.de
Bahnhofsmission
  ℂ (040) 39 18 44 00
Verkehrsinfo: www.hamburg.de/verkehr/
Pannenhilfe ADAC
  ℂ 01802-22 22 22
Telefonseelsorge
  ℂ 0800-111 01-111 (evang.)
  oder -222 (kath.)

Fundbüro ➜ H4
Bahrenfelder Str. 254–260
S-Bahn: Altona, dann Metrobus 2 Gaußstraße, ℂ (040) 428 11 35 01 Unter www.hamburg.de/fundbuero-online ist eine Suche nach Verlorenem im Internet möglich. Bahn und Flughafen unterhalten eigene Fundbüros.

Sperrnummern für Kredit-, EC- und Bankkarten

Bei Diebstahl oder Verlust muss die Karte umgehend gesperrt werden. Erkundigen Sie sich, ob Ihre Karte über die **zentrale Sperrnummer** für Deutschland **116 116** gesperrt werden kann. Ansonsten wählt man folgende Nummern:
EC, Maestro- und Bankkarten:
  ℂ 01805-02 10 21
Eurocard/Mastercard:
  ℂ 0800-819 10 40
Visa: ℂ 0800-814 91 00
American Express Credit:
  ℂ 116 116
Diners Club: ℂ 116 116

Presse, Radio

Tageszeitungen:

Hamburger Abendblatt
Die Welt (mit Hamburg-Teil)
Hamburger Morgenpost
Bild-Hamburg

Stadtmagazine:

Szene Hamburg
Oxmox
Prinz Hamburg
Online: www.hamburg-magazin.de

Radiosender:

NDR 2 – 87,6 UKW
Radio Hamburg – 103,6 UKW
Hamburg-Welle – 90,3 UKW

Sightseeing, Touren

Die meisten **Stadtrundfahrten** beginnen am Hauptbahnhof oder an den Landungsbrücken. Für die Bus-Rundfahrten von Hamburg City Tour stehen blau-gelbe Doppeldeckerbusse zur Verfügung, die im Sommer mit offenem Oberdeck fahren (www.hamburg-citytour.eu, ℂ 040-32 31 85 90).

Weitere Stadttouren in rot-gelben Doppeldeckerbussen bie-tet »Hamburg-Stadtrundfahrten« (✆ 040-309 31 95, www. hamburg-stadtrundfahrten.com). Beide betreiben Ho-on-Hop-off-Busse, bei denen man mit Tagestickets mehrfach ein- und aussteigen kann, ebenso wie Kombinati-onsmöglichkeiten mit Hafen-rundfahrten per Schiff.

Buslinie 111

Die neue Buslinie 111 entlang der Waterkant zwischen Altona und HafenCity ist auch ein Tipp für Touristen. Sie verbindet 16 Se-henswürdigkeiten wie Altonaer Balkon, Reeperbahn, Landungs-brücken. Unter www.hochbahn. de lässt sich ein Routenplan mit eingezeichneten Attraktionen herunterladen. Der Bus kann mit mehreren Stopps günstig per HVV-Tageskarte (S. 90) oder mit der **Hamburg Card** genutzt wer-den. Diese Tickets gelten auch auf der Hafenfähre 62 von den Landungsbrücken nach Finken-werder, eine kleine Alternative zu den Hafenrundfahrten.

Schiffsrundfahrten

Auf den Alster-Seen, den Fleeten und Kanälen der Stadt werden verschiedene Touren offeriert. Von Mai bis September legen die Schiffe 20 Uhr zu »Dämmer-törns« ab. Im selben Zeitraum ge-hen täglich außer montags und dienstags dreistündige Fahrten in die Vierlande, Norddeutschlands »Gemüsegarten«.

Alstertouristik

Anleger Jungfernstieg
✆ (040) 35 74 24-0
www.alstertouristik.de
Alle Touren, auch die Turnusfahr-ten auf Binnen- und Außenalster, (Mehrfachtickets erhältlich). Die Dämmertörns führen im Septem-ber bei guter Tide auch durch die illuminierte Speicherstadt. Im Sommer Fr/Sa 19 Uhr »Dinner-Shipping« mit Buffet.

Dampfschiff »St. Georg«

Jungfernstieg, Anleger 3
✆ (040) 792 25 99
www.alsterdampfer.de, April–Okt. tägl. 10.45–17.45 Uhr stündl. Rundfahrten mit dem ältesten Dampfschiff Deutschlands (1876) Zwei andere Dampf-Veteranen sollen restauriert werden. Die maritimen Oldtimer werden von einem Verein betrieben.

Schiffsrundfahrt durch die Speicherstadt, vorbei an der Kehrwiederspitze in der HafenCity

Beliebt sind die **Hafenrundfahrten** auf der Elbe mit größeren Schiffen oder Barkassen. Ein Schiff ist nach dem Vorbild der Mississippi-Dampfer gestaltet, auf dem es auch Jazz-Rundfahrten gibt. Auf der »Seute Deern« (plattdeutsch für »süßes Mädchen«) werden Touren mit der »Drag Queen Olivia« veranstaltet. Eine Übersicht bietet www.hamburg-magazin.de. Dort finden sich auch Touren per Bus oder zu Fuß.

Rundflug Canair
☎ (040) 34 43 08, www.canair.de
Bei gutem Wetter kann man Stadt und Hafen aus der Vogelperspektive betrachten: Die Flugzeit beträgt etwa 10 oder 35 Minuten. Das kostet pro Person € 39 oder € 69.

Heißluftballon
☎ (040) 48 48 19
www.ballons-ueber-hamburg.de
Hamburg lässt sich auch aus einem Ballon erleben. Die Fahrten zum Sonnenauf- oder -untergang kosten werktags € 195, am Wochenende € 215.

Fesselballon HighFlyer
Hamburg ➡ aE6
Deichtorstr. 1–2
☎ (040) 30 08 69 69
www.highflyer-hamburg.de
Nur bei passender Wetterlage 10–22 Uhr
Auf- und Abfahrt dauern je 15 Minuten, Preis € 15
Mit einem Fesselballon, der in Bahnhofsnähe verankert ist, können bis zu 40 Passagiere auf 150 m aufsteigen, allerdings nur bei passender Wetterlage.

Fahrradtouren
☎ (040) 81 99 22 39
www.hamburg-radtour.de
2–4-stündige Touren durch die City, um die Außenalster oder durch die Elbvororte. Auch **Hamburg City Cycles** bietet Radtouren an (www.hhcitycycles.de).

Spaziergänge
Die Website www.hamburg-magazin.de verzeichnet unter dem Stichwort »Stadtrundgänge« eine Vielzahl von Touren. Die Palette reicht von kleinen Wanderungen zu den bekanntesten Sehenswürdigkeiten bis zu ausgefallenen Offerten.

Angeboten werden beispielsweise Rundgänge auf den Spuren der Beatles, historische Hurentouren und andere Erkundungen des Rotlichtviertels, Umgänge mit einem Nachtwächter oder einem historischen »Bürgermeister«, Theatertouren oder die Tour »Kökschenklatsch« zu den Geheimnissen der hanseatischen Küchen im 19. Jh.

Hamburg Greeter
www.hamburg-greeter.de
Einheimische zeigen Besuchern ehrenamtlich ihre Stadt. Auf der Website kann man sich für eine kostenlose Tour mit einem echten Hamburger/einer Hamburgerin anmelden.

Aussichtspunkte
Einen direkten Blick auf die »dicken Pötte« an den Piers bietet die

Tower Bar
Im Hotel Hafen Hamburg
Seewartenstr. 9
☎ (040) 31 11 37 04 50
www.hotel-hafen-hamburg.de
Tägl. 18–2 Uhr

Eine echte »Hamburgensie« ist die Aussichtsplattform auf dem Turm des **»Michel«**. Hier kann man in den rechten Momenten auch noch dem Turmbläser lauschen. Der **Altonaer Balkon** ➡ K5, eine Parkanlage beim Altonaer Rathaus, trägt seinen aussichtverheißenden Namen nicht zu Unrecht. Hier schweift der Blick über Elbe und Hafen, abends ist der Park allerdings ein weniger empfehlenswertes Ziel.

Sprache

Echte Hamburger sind von Haus aus dreisprachig: Sie beherrschen Hochdeutsch, Platt und *Missingsch*. Platt ist, da sind sich die Hanseaten mit den Sprachwissenschaftlern einig, eine eigenständige niederdeutsche Sprache. Eine Sprache, die allerdings in der Stadt immer weniger Bürger sprechen.

Oft wird *Missingsch* gesprochen, eine Mischung aus Platt und Hochdeutsch: mal mit starken Anleihen beim Platt, mal in einem nur noch dialektartig verfärbten Hochdeutsch. »Küchenplatt« schimpfen die Bewahrer des reinen Platt. Doch gerade das ist falsch. Gerade in der Hamburger Küche parliert man heute Hochdeutsch.

Ein paar Ausdrücke, die man in Hamburg (und teilweise in Norddeutschland) häufig hört:
Da nich für – Danke, keine Ursache
Döntjes – Kleine Geschichten oder Witzchen
Duhn – Leicht betrunken, auch »angetütelt«
Köm – Ein Kümmel oder ein anderer klarer Schnaps
Lütt – Klein
Man tau! – Nun mal los!
Plietsch – Gewitzt
Quiddje – Zugezogene Nichthamburger
Schnack – Spruch, Redewendung oder kurze Erzählung
Vertüdert – Verheddert
Wurzel – Karotte

Verkehrsmittel

Hamburgs **Straßennetz** wird in der City durch Halbkreise um den Zusammenfluss von Alster und Elbe gebildet, die von sternförmig nach außen strebenden Ausfallstraßen durchschnitten werden.

Die innere Ringstraße von den Landungsbrücken über die Wallringanlagen, die Lombardsbrücke zwischen Binnen- und Außenalster und den Glockengießerwall ist recht ausgeprägt und erleichtert ortsunkundigen Fahrern die Orientierung.

Die Hauptachsen in die Innenstadt sind die **Kaiser-Wilhelm-Straße**, die **Dammtorstraße**, der **Ballindamm** und die **Steinstraße** sowie die quer durch die City geschlagene Ludwig-Erhard-Straße. Die wichtigsten **Parkhäuser** in der Innenstadt sind in der Große Bleichen auf dem Dach des Hanse-Viertels (Zufahrt Heuberg), in der Gertrudenstraße, der Ferdinandstraße und der Großen Reichenstraße.

Die großen Autobahnverbindungen verlaufen an der City vorbei von Süd nach Nord (Heide oder Flensburg, durch den Elbtunnel), von Süd nach Nordost (Lübeck und Skandinavien-Fähren), und gen Osten in Richtung Berlin.

Die **Eisenbahn** hat vier Intercity-Stationen (Hauptbahnhof, Dammtor, Altona und Harburg).

Das **Nahverkehrssystem** stützt sich auf ein enges S- und U-Bahn-Netz sowie ein Bussystem; hinzu kommen acht Hafenfährlinien. Alle diese verschiedenen Verkehrsmittel sind zusammengefasst im **Hamburger Verkehrs-Verbund (HVV)**.

Der Verbund informiert täglich rund um die Uhr unter ℂ (040) 194 49 über Fahrpläne, Tarife und Sonderangebote auf dem 1925 km langen Streckennetz, das täglich rund 1,4 Millionen Menschen benutzen (www.hvv.de).

In den Bussen und Bahnen ist es verboten, Alkohol zu konsumieren.

Tageskarten im Innenstadtbereich kosten € 7,10 (inkl. Kinder), nach 9 Uhr € 5,80. Für Gruppen mit bis zu fünf Perso-

nen jeglichen Alters kostet die 9-Uhr-Karte € 10,40. Oft ist für Besucher der Stadt die **Hamburg CARD** (siehe unten) günstiger.

Für die Schnellbusse, Nachtbusse oder die erste Klasse der S-Bahn sind Zuschläge fällig. Die Tickets sind in den HVV-Automaten an den U- und S-Bahn-Stationen erhältlich. In den U- und S-Bahnen dürfen Räder außerhalb der Hauptverkehrszeit (Mo–Fr 6–9 und 16–18 Uhr) mitgenommen werden, auf den Hafenfähren zu jeder Zeit.

Busse und Bahnen sind in der Regel von 5 bis 24 Uhr unterwegs, danach fahren auf einigen Strecken noch Nachtbusse, die eine zentrale Umsteigestation auf dem Rathausmarkt haben. Für die teilweise oberirdisch fahrende U-Bahnlinie U3 und für Blankenese bietet der Verkehrsverbund Touristeninfos, die im Internet kostenlos für MP3-Geräte heruntergeladen werden können (www.hvv.de).

Speziell auf Touristen ausgerichtet ist die **Hamburg CARD**. Sie berechtigt zu freier Fahrt mit Bus und Bahn im HVV-Gebiet und ermäßigtem Eintritt. Insgesamt gibt es bis zu 40 % Rabatt bei über 150 Angeboten: Man kann auswählen zwischen Hafen-, Alster- und Stadtrundfahrten, Sehenswürdigkeiten, Attraktionen und Museen. Auch in Restaurants, beim Shopping und im Parkhaus gibt es Rabatte.

Die Hamburg CARD gilt im HVV-Großbereich, während die **Hamburg CARD plus Region** sogar im HVV-Gesamtbereich gilt und Ausflüge in die Region wie z.B. nach Lüneburg und Stade ermöglicht.

Einzelkarten gelten für einen Erwachsenen und drei Kinder unter 15 Jahren. Die Hamburg CARD Tageskarte kostet € 8,90, als 3-Tage-Karte € 21,90 und als 5-Tage-Karte € 37,50.

Hermes auf dem Dach eines Kaufmannshauses vor dem »Michel« und der Gruner & Jahr-Zentrale

Hamburg CARD-Gruppenkarten (für bis zu 5 Personen beliebigen Alters) kosten als Tageskarte € 14,50, als 3-Tage-Karte € 39,90 und als 5-Tage-Karte € 63,90.

Die Fahrer der **Nachtbusse** lassen ihre Gäste außerhalb der City auf Wunsch auch zwischen den Haltestellen aussteigen.

Taxi-Halteplätze sind in der gesamten Innenstadt stets nur ein paar Schritte entfernt. Die konkurrierenden Funkvermittlungs-Zentralen sind unter ✆ (040) 44 10 11, 21 12 11 oder 66 66 66 zu erreichen.

Wie in vielen anderen Großstädten gibt es inzwischen auch in Hamburg **Fahrrad-Rikschas**, die sich nicht nur für Kurzstrecken in der City eignen, sondern auch Rundfahrten anbieten. ◼

92

THE HISTORY CHANNEL. GESCHICHTE ERLEBEN

port of dreams

BALLINSTADT
DAS AUSWANDERERMUSEUM HAMBURG

5 Minuten entfernt vom HBF

Das Erlebnismuseum der Träume.
Die vom History Channel preisgekrönte Auswandererwelt am Hamburger Hafen.

Die BallinStadt erzählt Geschichten - Geschichten, die zeitlos sind, von Zuversicht künden und uns berühren. Von Menschen, die aufgebrochen sind, ihr Glück in der Neuen Welt zu suchen.

Über 5 Millionen Menschen haben über Hamburg ihren Weg genommen, ihre Wünsche, Träume und Hoffnungen in einer besseren Zukunft zu finden.

Werden Sie Teil der Erlebnisse der Menschen, für die vor über 100 Jahren Hamburg ein Hafen der Träume war, und erleben Sie die Geschichte der Auswanderung in lebendigen Bildern.

Die BallinStadt ist der Ausflugsort für die ganze Familie - und für alle, die noch Zeit haben für die großen Geschichten des Lebens...

Ausgezeichnet von führenden Reiseveranstaltern und der Hamburger Morgenpost als besonderer Ort in Hamburg!

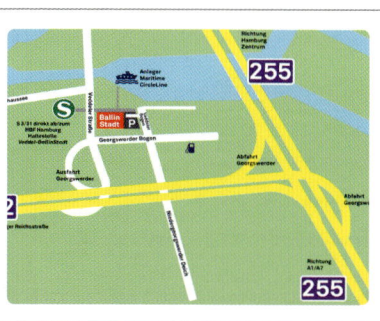

Mit der S-Bahn 3/31 gelangen Sie vom Hauptbahnhof Hamburg in nur 5 Minuten direkt zur S-Bahn Station „Veddel - BallinStadt".

Mit dem Auto auf der BAB 252 (Wilhelmsburger Reichstraße), Abfahrt „Georgswerder" und der Ausschilderung folgen. Kostenlose Parkplätze vorhanden.

Mit großer Hafen-Entdeckungsrundfahrt mit der Barkasse 2-stündlich ab Landungsbrücke 10 direkt in die BallinStadt! Infos unter der Maritimen Circle Line Telefon 040 - 284 939 63.

20%
Ermäßigung

Gültig für bis zu vier weitere Personen für einen Besuch in der BallinStadt bei Vorlage des GO VISTA-Reiseführers. Einfach an der Kasse das Freifeld links mit dem "Bewilligt-Stempel für die Ausreise" abstempeln lassen und Sie erhalten den Willkommensrabatt. Gültig nur für Eintrittskarte Vollzahler oder Ermäßigt gemäß Preisaushang, keine Auszahlung oder Kombination mit anderen Aktionen möglich.

BallinStadt   Veddeler Bogen 2   20539 Hamburg   040 / 319 79 16 0   www.ballinstadt.de

Bildnachweis

Bilderberg Hamburg/Klaus Bossemeyer: S. 9 o.; Hans-Jürgen Burkard: S. 12 u.; Wolfgang Kunz: Schmutztitel (S. 1), S. 9 u., 37 o., 75 u.

Ralf Brunner/laif, Köln: S. 84 u.

Burgtheater, Wien/Reinhard Werner: S. 64

Barbara Dombrowski/laif, Köln: S. 53

Fairmont Hotel Vier Jahreszeiten, Hamburg: S. 47

Fischereihafen-Restaurant, Hamburg: S. 54

Fotolia/Anna-Lena: S. 39; Harald Bolten: S. 2 o. r., 17, 83 u.; CSPStock: S. 16; Norbert Dörnbach: S. 27 u.; Marc Heiligenstein: S. 67

Hamburger Kunsthalle/Romanus Fuhrmann-Rickert: S. 7; Wolfgang Neeb: S. 30

Hamburg Messe und Congress GmbH/Katrin Neuhauser: S. 6 Mitte

Hamburg Tourismus GmbH: S. 44, 58, 70

Herzog & de Meuron: S. 81

Hotel Louis C. Jacob, Hamburg: S. 55

iStockphoto/Ben Blankenburg: S. 77 o.; Harald Bolten: S. 6 o.; Cinoby: S. 4/5; Marc Fischer: S. 18; Tobias Helbig: S. 2 o. l., 10; Jason Lugo: S. 75 o.; Carsten Madsen: S. 37 u.; Stefan Marter: S. 36;

James Phelps: S. 32 u.; Arne Thaysen: S. 3 o. r., 38 u.; Peter Wollinga: S. 27 o.

Bernd Jonkmanns/laif, Köln: S. 28

Liebsch/laif, Köln: S. 45

Museum für Völkerkunde, Hamburg: S. 34 u.

Pixelio: S. 77 u.; Axel Dedecke: S. 26; Gerritje Deterding: S. 25; Bernd Sterzl: S. 19, 88

Schmidts Tivoli, Hamburg: S. 23

Staatsarchiv Hamburg: S. 29, 80 u.

Stage Entertainment: S, 63 u.

VISTA POINT VERLAG (Archiv), Potsdam: S. 8, 12 o., 28, 31, 33, 42, 46, 50, 57 o., 57 Mitte, 57 u., 78 o., 78 u., 79, 80 o., 80 u., 83 o.

White Star, Hamburg: S. 3 o. Mitte, 11, 13, 14, 21 u., 34 o., 35, 40, 62, 65, 73, 84 o., 91

www.mediaserver.hamburg.de/Martin Brinckmann: S. 43; Christian O. Bruch/VISUM: S. 69; Miniaturwunderland Hamburg: S. 72; Christian Spahrbier: S. 2 o. Mitte, 3 o. l., 3 u., 6 u., 15, 20, 21 o., 22, 32 o., 41, 59, 60, 61, 63 o., 71, 74, 76, 82, 85, 86

Zweckverband Seebäder Usedom: S. 38 o.

Schmutztitel (S. 1): Giebel eines Hamburger Kontorhauses

Seite 2/3 (v. l. n. r.): Blick auf den Jungfernstieg, »Queen Mary 2« vor den Landungsbrücken, Hamburger Speicherstadt, Beatlemania Hamburg, Museumsschiff »Rickmer Rickmers«, Hamburger Hafen, Hamburger Dom auf dem Heiligengeistfeld (S. 3 u.)

Seite 6/7: Hamburger Rathaus (S. 6 o.), Verkäufer auf dem St.-Pauli-Fischmarkt (S. 6 Mitte), vor den Landungsbrücken beim Hafengeburtstag (S. 6 u.), Hamburger Kunsthalle (S. 7)

Konzeption, Layout und Gestaltung dieser Publikation bilden eine Einheit, die eigens für die Buchreihe der **Go Vista City/Info Guides** entwickelt wurde. Sie unterliegt dem Schutz geistigen Eigentums und darf weder kopiert noch nachgeahmt werden.

© VISTA POINT VERLAG GmbH, Birkenstr. 10, D-14469 Potsdam
5., aktualisierte Auflage 2014
Alle Rechte vorbehalten
Reihenkonzeption: VISTA POINT-Team
Bildredaktion: Andrea Herfurth-Schindler
Lektorat: Kristina Linke
Layout und Herstellung: Kerstin Hülsebusch-Pfau
Reproduktionen: Henning Rohm, Köln
Kartographie: Berndtson & Berndtson Productions GmbH, Fürstenfeldbruck, und Kartographie Huber, München
Anzeigenverkauf: Kommunalverlag GmbH & Co. KG, Ottobrunn
Druckerei: Colorprint Offset, Unit 1808, 18/F., 8 Commercial Tower, 8 Sun Yip Street, Chai Wan, Hong Kong

ISBN 978-3-86871-274-2

An unsere Leser!
Die Informationen dieses Buches wurden gewissenhaft recherchiert und von der Verlagsredaktion sorgfältig überprüft. Nichtsdestoweniger sind inhaltliche Fehler nicht immer zu vermeiden. Für Ihre Korrekturen und Ergänzungsvorschläge sind wir daher dankbar.

VISTA POINT VERLAG
Birkenstr. 10 · 14469 Potsdam
Telefon: +49 (0)331/817 36-400 · Fax: +49 (0)331/817 36-444
www.vistapoint.de · info@vistapoint.de